Joachim Strauss

Ein Leben auf der Grenze

Notizen aus sieben Jahrzehnten

Joachim Strauss
1912 bis 1999

Joachim Strauss

Ein Leben auf der Grenze

Notizen aus sieben Jahrzehnten

In liebevollem Gedenken

Brigitte Strauss und Familie

Inhalt

St. Peter und Paul auf Nikolskoe, ca. 1950

Vorwort Pfarrer Joachim Strauss hat seine hier veröffentlichten Erinnerungen im Ruhestand aufgeschrieben. Der damalige Konsistorialpräsident der Evangelischen Kirche in Berlin-Brandenburg und spätere erste Ministerpräsident des Bundeslandes Brandenburg, Manfred Stolpe, hatte ihn seinerzeit darum gebeten. Als er das fertige Manuskript der Kirchenleitung übergeben hatte, hörte er nichts mehr davon.
Nach den politischen Veränderungen im Herbst 1989 überreichte Pfarrer Strauss seinem Nachfolger in St. Peter und Paul auf Nikolskoe, Wilfried M. Heidemann, eine zweite Niederschrift, mit der Bitte, sie zu veröffentlichen.
Er erhoffte sich, mit dem Verkaufserlös zur Wiederherstellung der Klein-Glienicker Kapelle, unmittelbar hinter der Berliner Stadtgrenze, beitragen zu können.
Gisela Köhler, ab 1993 als Öffentlichkeitsarbeiterin in Nikolskoe tätig, nahm sich im Rahmen ihres Auftrages dieses Manuskriptes an, sah es als Lektorin durch und brachte es schließlich zur Druckreife. Jürgen Strauss, Sohn von Pfarrer Joachim Strauss, stellte aus dem Familienarchiv bereitwillig Fotografien zur Verfügung, die das Verstehen der Zusammenhänge erleichtern.
Pfarrer Strauss hat seine Gedanken vor der deutschen Vereinigung aufgezeichnet und die damit verbundenen Ereignisse nicht besserwisserisch aus dem Rückblick bewertet. Das macht vielleicht den besonderen Reiz dieses Buches aus. Den ungeschützt und ohne größeren literarischen Anspruch geschriebenen Zeilen merkt der Leser an, wie sehr ein Mensch hart an der Grenze von den politischen Gegebenheiten seines Jahrhunderts hin- und hergeworfen wurde. Der Leser spürt nicht nur den Memoiren eines Pfarrers an der Nahtstelle zwischen Ost und West zur Zeit des Kalten Krieges nach. Er erlebt mit dem Autor auch eine Vatersuche ganz eigener Art. Und bei dieser Rückschau auf ein Theologenleben wird auch deutlich, dass es nicht so sehr auf die Verkündigung von Richtigkeiten, sondern auf die erfahrene Wirklichkeit der Liebe Gottes unter den Menschen ankommt.
Es ist eine glückliche Fügung, dass Pfarrer Strauss das Manuskript zu einer Zeit niedergeschrieben und abgeschlossen hat, als ihn sein Gedächtnis noch nicht im Stich ließ. Wer ihn heute auf diese Erinnerungen anspräche und dabei das Wort Josefs an seine Brüder zitierte, „Ihr gedachtet es böse mit mir zu machen, aber Gott gedachte es gut zu machen", dem würde er ohne einen Augenblick zu zögern antworten: „Und nur der kann es machen!"

Lothar Beckmann, 1994
Vorsitzender des Kuratoriums von St. Peter und Paul auf Nikolskoe

Vor dem Gemeindehaus Luisenstadt mit Wilhelmine und Hans Strauß, ca.1944

Der Stadtteil Luisenstadt nach dem Bombenangriff 1945

Parkidyll und tosender Großstadttrubel
Kindheit und Jugend von 1912 bis 1935

Am 3. Februar 1945 kamen die Bomber mit ihrer todbringenden Last und verwüsteten das gesamte Zentrum meiner Heimatstadt Berlin und mit ihm das Gemeindehaus von Luisenstadt, das Haus, in dem ich zwar nicht geboren, doch aufgewachsen bin.
Wäre mein Elternhaus an diesem unglückseligen Tage verschont geblieben, so stände es dennoch heute nicht mehr an seinem angestammten Platz: Heute ist dort der Todesstreifen, unmittelbarer Gefahrenbereich unter „Hochspannung"! Damals jedoch, zur Zeit meiner Kindheit, welch eine Idylle mitten im brausenden Verkehr der wachsenden Großstadt, eine wahrhaftige „Insel des Friedens" zwischen Moritzplatz und Spittelmarkt.
Das historische Gotteshaus aus dem Jahre 1695 war längst einem neuen, 1754 errichteten gewichen, da die Anzahl der Gemeindeglieder von Jahr zu Jahr zugenommen hatte. Der gleich zu Beginn mit angelegte Kirchhof wurde als Begräbnisstätte aus sanitären Gründen um das Jahr 1900 herum geschlossen. Als dann – ebenfalls um die Jahrhundertwende – neben den beiden Pfarrhäusern der Gemeinde ein ganzes Gebäudeensemble mit Gemeindehaus, Kindergarten und Küsterhaus entstand, wurde der ehemalige Kirchhof umgestaltet zu einem wunderschönen Park mit zwei Kinderspielplätzen: der eine war für die Hort- und Kindergartenkinder reserviert, während sich auf dem anderen auch die Jugend aus der unmittelbaren Umgebung tummeln durfte.
Auch für die erwachsenen Gemeindeglieder wurde dieser Park zu ihrem Naherholungszentrum. In den Sommermonaten wurde für fünf Mark ein Schlüssel gemietet, mit dem man von der Sebastianstraße und von der Alten Jakobstraße aus jederzeit Zutritt zu der Anlage hatte. Auf besonders eingefriedeten kleinen Plätzen wurden die mitgebrachten Gartenmöbel aufgestellt: Oft schon in aller Frühe strömten die Menschen an schönen Sonn- und Ferientagen in ihren öffentlichen Garten, um hier ihr Frühstück oder später den Nachmittagskaffee oder auch noch das Abendbrot an der frischen Luft zu genießen.
Durch die Alte Jakobstraße fuhr zwar eine lärmende Straßenbahn – es war, glaube ich, die „87" Richtung Köpenick. Die 3–4-stöckigen Häuser aber, die ihren Weg säumten, schirmten mit üppig bepflanzten Balkonen und mit ihren von wildem Wein überwucherten Fassaden den größten Teil des ratternden und knatternden Verkehrs rundum ab und bestärkten die Anwohner in dem entspannten Gefühl, ganz von reinster Natur umgeben zu sein. Nicht tosender Straßenlärm,

sondern zarte Vogelstimmen weckten morgens die Menschen in der Gemeinde. Der Bestand an mächtigen alten Bäumen tat sein übriges, diese Idylle inmitten des Zentrums der erwachenden Weltstadt Berlin zu vervollkommnen.
In dieser Gemeinde, geleitet von drei Pfarrern, wirkte mein Vater seit 1912 als beamteter Jugendpfleger. Noch vom alten Vater Bodelschwingh zum Diakon ausgebildet, war er nun für die Betreuung der männlichen Jugend im Alter zwischen 6 und 14 Jahren zuständig. Zwischenzeitlich, während des ersten Weltkrieges, an dem mein Vater von Beginn an teilnahm, übernahm meine Mutter, zweitälteste Tochter eines Lehrers, teilweise seine Aufgaben. Sie besaß von frühester Jugend an sehr viel Erfahrung im Umgang mit Kindern, denn sie hatte nach dem frühen Tod ihrer Mutter – die nach der Geburt des elften Kindes starb – zusammen mit der ältesten Schwester die Jüngeren betreut, denn ihr Vater hatte nicht wieder geheiratet. Nach der Rückkehr meines Vaters aus dem Krieg konnte und vor allem musste er sich intensiv der Fürsorge der Jungen widmen. Jungen, die ihre Väter auf grausame Weise auf den Schlachtfeldern verloren hatten und deren Mütter als nunmehr alleinige Ernährer der Familie hart schuften mussten, um den notwendigsten Lebensunterhalt zu verdienen. Aus dieser nachkriegsbedingten Krisensituation entstand für die Gemeinde eine wichtige soziale Verantwortung: Es entwickelte sich eine Art Ganztagsbetreuung für die Kinder. Der Hort übernahm nach der Schule die Aufgabe einer „zweiten Heimat"; hier bekamen die Jungen ihr Mittagessen, hier wurden sie bei den Hausaufgaben beaufsichtigt und gingen erst ab 16.30 Uhr nach Hause zu ihrer eigentlichen Familie. Obwohl ich 1912 als Einzelkind geboren wurde, wuchs ich also, als Folge der Kriegswirren, sozusagen in einer großen Familie mit vielen Geschwistern, im Schoß der Kirche auf.
Der Kindergottesdienst war von dem Moment an, als ich endlich in dem Alter war, um ihn besuchen zu dürfen, meine größte Freude, allein schon deswegen, weil mein Vater ihn häufig leitete. Allsonntäglich trafen sich dort an die zweihundert Kinder, in acht bis zehn Gruppen aufgeteilt. Das ganze Jahr hindurch fieberten wir dem traditionellen Jahresfest entgegen, das wir regelmäßig in dem besonders schönen Festsaal der Nachbargemeinde St. Petri (nach dem Zweiten Weltkrieg übrigens der Sitz des Ost-Konsistoriums, Neue Grünstraße 19) feiern durften.
Zu diesem immer wieder langersehnten Anlass übten wir in den einzelnen Kindergottesdienstgruppen verschiedene Aufführungen ein, um sie, vor Aufregung glühend, dem Publikum aus der Gemeinde zu präsentieren. Begeistert war ich jedes mal mit von der Partie, ja, ich würde noch heute sagen, diese Aufführungen

Vater Hans Strauß, ca. 1920

gehörten damals zu den Höhepunkten meiner Kindheit. Von früher Jugend an entwickelte ich durch die Einbettung in die kirchliche Jugendarbeit der Gemeinde eine besonders intensive Bindung an meinen künftigen Arbeitgeber.

Einen ganz besonderen Reiz übten schon früh auch die Orgel und die Glocken von Luisenstadt auf mich aus: Lauschend verharrte ich jeden Samstagabend, wenn um 18 Uhr die Glocken vom Kirchturm herab das Wochenende einläuteten und so für mich innerlich eigentlich auch der Sonntag schon anfing. Und nicht genug damit, auch die Glockenklänge der umliegenden Nachbargemeinden durchdrangen scheinbar mühelos den tosenden Großstadtverkehr und erreichten uns ungemindert, ja, bei günstigem Wind waren sogar die Glocken des Berliner Doms zu hören, oft noch lange, nachdem die unserer kleinen Kirche längst verstummt waren. Ein wahrhaft erhabenes, beglückendes Konzert für gespitzte Kinderohren, immer und immer wieder…

Dann und wann schlich ich mich auch in die Kirche und genoss versunken die hingebungsvollen Klänge, die unsere ausgezeichneten Kantoren der luisenstädtischen Orgel entlockten, unter ihnen auch Berthold Schwarz, der, nur drei Jahre älter als ich, das Instrument geradezu virtuos beherrschte.

Mutter Wilhelmine (ganz links), Vater Hans und Joachim (in der Mitte), ca. 1925

Mir selbst hingegen fehlte leider die rechte Begabung zur Musik und außerdem – ich will es gestehen – wohl auch die nötige Ausdauer. Nach drei Jahren mühseligen Klavierunterrichtes gaben ich und auch mein Vater schließlich auf. Bei der Entscheidung, mich letztlich doch vom Unterricht abzumelden, kam mir die beklemmende Inflationszeit sogar zu Hilfe, kostete eine Klavierstunde doch mittlerweile so viel wie ein Brot; für meine letzte Stunde zahlten wir schließlich eine Billion Mark.
Später dann gestand mir mein Vater, wie schwer ihm damals diese Entscheidung gefallen sei. Dennoch, so betonte er, Zwang auf mich auszuüben, sei ihm nie in den Sinn gekommen, denn bei allem was ich tat und unternahm, sollten Lust und Laune mich begleiten.
Nach der vierjährigen Grundschulzeit wechselte ich auf die nahegelegene Friedrich-Werdersche-Oberrealschule in der Niederwallstraße. Schon bald nach der Umschulung verspürte ich zunehmend den Wunsch in mir, einmal Pfarrer zu werden. Der Moment der Erkenntnis kam nicht von ungefähr: In unserem Gemeindehaus wohnten wir auf einer Etage mit den drei Gemeindeschwestern. Zwischen ihnen und meiner Familie bestand ein enger, herzlicher Kontakt. Als nun die älteste von ihnen, hochbetagt, doch eigentlich noch sehr rüstig, wie mir schien, plötzlich verstarb, war ich, wie alle anderen, tief betrübt über diesen Verlust. Aus diesem Gefühl der Trauer heraus schrieb ich spontan und aus eigenem Antrieb

einen Kondolenzbrief an die beiden Hinterbliebenen. Die Schwestern waren beeindruckt von den Worten, mit denen ich sie und auch wohl mich selbst zu trösten versuchte, umso mehr als sie herausfanden, dass ich vorher darüber mit niemandem gesprochen hatte. Sie zeigten den Brief meinen erstaunten Eltern, und mein Vater bat mich, ihm meine Beweggründe zu erklären. In diesem Zusammenhang sprach ich erstmals offen über meinen Wunsch, Pfarrer zu werden, und mein Vater erklärte mir sehr ernst und ausführlich, welche Aufgaben mit diesem Beruf verbunden seien und welche Verantwortung ich zu tragen bereit sein müsse. Doch meine Entscheidung stand bereits fest. Im Konfirmandenunterricht, an dem ich inzwischen teilnahm, hatte ich viel erfahren von den Aktivitäten und Zielen der „Inneren Mission", einem der Aufgabenbereiche meines Vaters. Ich war fest dazu entschlossen, mein Leben der Aufgabe zu widmen, meinen Mitmenschen beizustehen, besonders den Alten, den Kranken und den Einsamen.
Um diesen Berufswunsch in die Tat umzusetzen, musste ich so schnell wie möglich die Schule erneut wechseln, damit ich wenigstens eine oder zwei der wichtigen alten Sprachen noch in der Schulzeit lernen konnte. Ich besuchte fortan die Hohenzollernschule in Schöneberg mit Reformrealgymnasium und Gymnasialabteilung. Dort lernte ich neben Französisch auch Latein und konnte zusätzlich in der Gymnasialabteilung am Hebräischunterricht teilnehmen. Später, nach dem Abitur, würde ich innerhalb der ersten zwei Semester also nur noch das Kleine Graecum nachholen müssen.
Mit 15 Jahren wurde ich konfirmiert. Mein Vater hatte inzwischen damit begonnen, mich mehr und mehr in seine täglichen Aufgaben in der Jugendpflege mit einzubeziehen. Nachmittags half ich zum Beispiel im Hort und beaufsichtigte die Schulaufgaben mit.
Ausserdem nahm ich mit Begeisterung an der Luisenstadt-Jungschar teil, dem Spezialgebiet meines Vaters: Mehrmals in der Woche kamen die Kinder zusammen und bildeten verschiedene Gruppen. Neben einem klassischen Bibelkreis gab es einen Bastelkreis und schließlich dem Kreis für Erste Hilfe bei Unfällen. Mein Vater leitete diesen Kurs in unseren Augen besonders fachkundig, denn er war während des Ersten Weltkrieges als Sanitäter im Fronteinsatz gewesen, und wir waren natürlich immer wieder insgeheim sehr beeindruckt davon, dass er an der Front verwundet worden war, als er einen Verletzten aus der vordersten Kampflinie rettete.
Am wichtigsten war uns Jungen allerdings der sogenannte Heimabend an jedem Freitag. Pünktlich ab 17.30 Uhr trafen wir uns zunächst zu Spiel und Sport. Eine

Stunde später saßen wir dann zusammen und sangen gemeinsam Lieder aus der christlichen Jugendbewegung, hielten eine Andacht von 15 bis 20 Minuten und lauschten schließlich einer der Geschichten aus „Der christliche Erzähler" des Bertelsmann-Verlages, die mein Vater so herrlich spannend nacherzählen konnte. Der Ruf unserer Luisenstadt-Jungschar drang um das Jahr 1930 weit über die Grenzen unseres Gemeindebereiches auch in die Nachbargemeinden. An vielen Abenden kamen bis zu 80 Jungen im Alter zwischen zehn und vierzehn Jahren bei uns zusammen, und ich war immer sehr stolz, wenn mein Vater mir von Zeit zu Zeit erlaubte, eine der Andachten abzuhalten oder die Geschichte zu erzählen. Ich glaube heute noch, dass dies eine treffliche Vorübung für meine späteren Predigten gewesen ist.
Die letzten Jahre meiner Schulzeit standen bereits stark unter dem Vorzeichen heftiger politischer Auseinandersetzungen. Die unsicheren, zersplitterten politischen Verhältnisse der Weimarer Republik waren eine der großen Schattenseiten der fälschlich so genannten Goldenen Zwanziger; in so manchem Berliner Bezirk herrschten damals bürgerkriegsähnliche Verhältnisse.
Die allgemeine Politisierung des Alltages machte auch vor den Schulen nicht halt. Auch in meiner Klasse saßen die Vertreter unterschiedlichster Parteien und Gruppierungen und befehdeten sich zum Teil heftig während des Unterrichts, ja, im Fach Geschichte kam es nicht selten sogar zu Handgreiflichkeiten. Ich hatte in den letzten beiden Jahren vor dem Abitur die nicht unbedingt angenehme Aufgabe, als Klassensprecher wieder und wieder die oft sehr hoch schlagenden Wogen mühsam glätten zu helfen.
Die Hohenzollernschule lag nicht weit vom Bayerischen Platz mitten im sogenannten Jüdischen Viertel. Bei insgesamt 29 Schülern saßen sich 15 nichtjüdische und 14 jüdische Schüler gegenüber. Die meisten jüdischen Mitschüler stammten aus sehr wohlhabenden Kreisen. Einer von ihnen war dennoch überzeugter Kommunist, der mit seinen Ideen von den Wahlversammlungen, an denen er 1931 schon aktiv teilnahm, in der Klasse für explosiven Zündstoff bei unseren hitzigen Debatten sorgte. Sein Hauptwidersacher, Angehöriger der SA, stand ihm unversöhnlich gegenüber. Durch unseren kommunistischen Klassenkameraden erfuhren wir zu dieser Zeit manches über die Methoden, mit denen Stalin in der Sowjetunion nach dem Tode Lenins einen neuen Stil der Staatsführung durchzusetzen versuchte. Was er uns jedoch mit glühender Begeisterung berichtete, schien uns Anderen eher in die erschreckende Maxime zu münden: „Man muss die Menschen zu ihrem Glück zwingen!" Gerade ich als überzeugter Christ war zudem erschüttert von der Lektüre des Buches über Traugott

Hahn, erschienen 1929, das mit erschreckender Intensität schildert, wie der neue Bolschewismus unter Stalin mit den Christen, vor allem mit den deutschstämmigen Balten umging; je nach vermeintlich erkanntem Gefährlichkeitsgrad wurden sie entweder „nur" nach Sibirien verschleppt oder gleich getötet. Die Berichte über die Umstände der Schließung der deutschen Universität Dorpat und die Schreckensmeldungen der geflüchteten Baltendeutschen über die Auswüchse sind noch heute furchterregende Zeitdokumente.
Schon seit 1929 verbot Stalin den Kirchen per Gesetz jegliche Aktivität in der Sowjetunion, schloss die meisten Gotteshäuser oder führte sie neuen gesellschaftlichen Zwecken zu. Die deutsche Kommunistische Partei hatte bereits 1928 die Gesellschaft für deutsch-sowjetische Freundschaft gegründet. Waren das etwa die Vorbereitungen für einen nach Westeuropa reichenden, verlängerten Arm des sowjetischen Diktators? So sehr wir Christen in Deutschland uns auch bemühten, sachlich und nüchtern über die Vorkommnisse zu urteilen, wir empfanden die Situation und die Aussichten insgesamt als wahrhaft bedrohlich. Stalin wurde für mich, meine Familie und wohl auch für viele andere Christen zum Inbegriff des Satanischen – er war der personifizierte „Antichrist". Erst heute, im Rahmen einer offeneren Abrechnung der Sowjetunion mit ihrer Vergangenheit, erfahren wir Einzelheiten über das Ausmaß der Verfolgungen nach allen Seiten.
In diesen wirren Zeiten war es nicht verwunderlich, dass alle, gerade auch praktizierende Christen, verunsichert Ausschau hielten nach einem Ausweg aus dem politischen, gesellschaftlichen und sozialen Dilemma, das sich für die Zukunft drohend zu eröffnen schien: Nicht zuletzt die Tatsache, dass fünf Millionen Familien in Deutschland um ihr tägliches Brot kämpfen mussten, weil der Ernährer arbeitslos war, und quasi ein ganzes Volk nach dem verlorenen Krieg bis ins Mark gedemütigt unter der Niederlage litt, verdüsterte den Horizont und öffnete Tür und Tor für alle Arten von falschen Propheten. Es ist meiner Meinung nach sehr leichtfertig und oberflächlich dahingesagt, wenn man heutzutage vorschnell über eine Generation von Versagern urteilt. Und in diesem Zusammenhang berührt mich auch eher schmerzlich, was Martin Niemöller in dem Film „Was hätte Jesus dazu gesagt?" äußert: „Man wollte uns ja damals weismachen, dass der Bolschewismus die große Gefahr für uns wäre!" Der Bolschewismus war, so finde ich, eine der großen Gefahren!
Dies bestätigten die deutschen Kommunisten sogar ungewollt in ihrem Wahlkampf 1932, als sie mit ihrer rein propagandistischen Kurzformel „Wer Hitler wählt, der wählt den Krieg!" zur politischen Polarisierung und Unsachlichkeit

entscheidend beitrugen. Die reißerische Schreckensvision gab Hitler die Handhabe zu einem seiner geschicktesten Schachzüge, um mit Hilfe seines Parteiprogrammes zu kontern, scheinbar Sinn stiftende Argumente ins Spiel zu bringen und das Volk über seine langfristigen Pläne hinwegzutäuschen. So nahm er zum Beispiel unter Punkt 24 in sein Programm auf: „Die Partei steht auf dem Boden des positiven Christentums!" Das war unter den damaligen Verhältnissen, die weithin auch geprägt waren von der oft sehr unsachlichen, ja feindseligen Kritik an den Kirchen, eine sehr wichtige Aussage für uns Christen. Andere dagegen fanden sich zum Beispiel wieder in Hitlers eindeutiger Kampfansage an die verheerende Arbeitslosigkeit. Diese beiden Aussagen erschienen einem Großteil der Menschen in Deutschland eine aussichtsreichere Basis für die Zukunft zu sein als die Parole von der Weltrevolution, die auch der kommunistische Klassenkamerad immer wieder im Munde führte.
Es mag eigenartig erscheinen, dass in meinen Erinnerungen bereits in meiner Schulzeit derart starke politische Akzente eine Rolle spielten. Aber das damalige öffentliche Leben stand ganz und gar unter dem Einfluss politischer Irrungen und Wirrungen, die sich eben besonders stark in der Reichshauptstadt Berlin niederschlugen, wo wir mehr und mehr in bürgerkriegsähnliche Zustände abzusinken drohten.
Im Jahre 1928 veröffentlichte George Grosz eine neue Grafik (von 1927, erschienen 1928 in „Hintergrund" unter dem Titel „Maul halten und weiter dienen", Anmerkung der Lektorin): Christus am Kreuz mit einer Gasmaske vor dem Gesicht. Ich war spontan entsetzt, als ich die Abbildung in einer Zeitschrift fand. Ich sah in diesem Machwerk das Abbild unserer pervertierten Zeit und machte es zum Thema meines nächsten Hausaufsatzes unter dem Titel „Wo bleibt der Gotteslästerungsparagraph?" Der Aufsatz bekam die Note „sehr gut" und bei der Rückgabe entbrannte eine bewegte Diskussion, die letztlich sehr zur Verständigung zwischen den Fronten beitrug. Ich hatte zwar inzwischen in Erfahrung gebracht, dass das Werk aus zutiefst christlicher Motivation entstanden war und dass der Künstler damit wirkliches Erschrecken provozieren wollte. Ich konnte mich aber dennoch vorläufig mit dieser Auslegung nicht anfreunden und fand mit meiner Ablehnung auch unter meinen Klassenkameraden beachtliche Resonanz und einen ganz neuen Respekt: Als ich mich kurz nach diesen Ereignissen, am Morgen meines 18. Geburtstages, gerade auf den Schulweg machen wollte, lief ich unserem Briefträger in die Arme, der mir einen ganzen Stoß Glückwunschkarten überreichte; jeder meiner Klassenkameraden, so sah ich mit einem raschen Blick, hatte mir einen Geburtstagsgruß geschrieben. In

Als Student der Theologie, 1932

der Schule wartete dann in der großen Pause eine weitere Überraschung auf mich. Mein Stellvertreter als Klassensprecher las mir ein Gedicht vor, das er mit einigen anderen Schülern für mich verfasst hatte. Bis heute erinnere ich mich an die Schlusszeilen, die mich wohl wirklich beeindruckt haben: „... Drum wirke, Achim, wirke weiter als unserer Klasse guter Geist, bis du einst Superintendent wohl heißt!"

Dieser Wunsch ging nicht in Erfüllung. Das Leben hatte einen anderen Weg für mich geplant, einen Weg, der sich schon bald deutlich abzeichnen sollte.

Nach dem Abitur im Frühjahr 1932 schrieb ich mich als Theologiestudent an der Friedrich-Wilhelm-Universität (heutige Humboldt-Universität, Anm. d. L.) in

Berlin ein. Die theologische Fakultät war zu der Zeit die meist besuchte der gesamten Universität und füllte problemlos die größten Hörsäle. Die Lehrstühle waren damals allerdings auch mit weithin bekannten Wissenschaftlern geradezu herausragend besetzt. Namen wie Bertholet, Deißmann, Fendt, Lietzmann, Lütgert, Reinhold, Erich Seeberg und nicht zuletzt Sellin hatten einen sehr guten Klang in der damaligen akademischen Welt.

Doch schon bald nach der Machtergreifung Hitlers legte sich die anfängliche Begeisterung vieler Kommilitonen merklich, manch einer sah jetzt keineswegs mehr seine Zukunft im Theologiestudium. Die Hörerzahlen sanken rapide, in dem Maß, wie die wahre Einstellung Hitlers zu den Kirchen deutlich wurde.

Zunächst existierte ja – getreu dem Parteiprogramm – der Wille der NSDAP zur Zusammenarbeit mit den Christen, mehr noch, Hitler verlangte gar von jedem guten Nationalsozialisten, dass er Christ zu sein habe. Folglich entstand eine Flut von Wiedereintrittsgesuchen derer, die unter dem Einfluss früherer Freidenkerbewegungen den Kirchen bereits den Rücken gekehrt hatten.

Doch kaum stellte sich heraus, dass eine große Anzahl der Kirchenleute sich keineswegs kritiklos und gehorsam für die Ziele der NSDAP-Politik einspannen lassen wollte, wurde eine erneute Gegenbewegung in Gang gesetzt: Nicht nur die Gründung der Bekennenden Kirche als deutlichem Protest an der politischen Entwicklung, sondern auch die insgesamt sehr abwartende Haltung der beiden Großkirchen an sich, sorgte für rasche Maßnahmen von Seiten der Parteispitze. Die gesamte bisherige Jugendarbeit der Kirchen wurde umgehend von der Hitlerjugend übernommen. Auch mein Vater, der sich zunächst noch erhofft hatte, durch Parteieintritt die „Luisenstadtjugend" selbständig erhalten zu können, wurde jetzt schnell eines Besseren belehrt. Die Berichte von der Einrichtung der ersten Konzentrationslager für Oppositionelle – auch aus dem kirchlichen Bereich und erste Verschleppungsaktionen jüdischer Mitbürger dorthin, ließen schon zu einem sehr frühen Zeitpunkt berechtigte Zweifel am Aufbau der oft beschworenen echten Volksgemeinschaft aufkeimen.

Im Jahre 1934 ermöglichten mir meine Eltern ein Semester auswärts im schönen alten Marburg. Ein Kommilitone, der mir damals ein guter Freund wurde und es übrigens bis heute geblieben ist, hatte mir bei seiner Studentenmutter in Marburg, seiner Heimatuniversität, ein Zimmer zu sehr günstigen Bedingungen vermittelt.

Unsere Wirtin besaß ein schönes großes Haus und beherbergte immer mindestens vier Studenten – von jeder Fakultät einen. In jenem Semester also, war ich der Fünfte. Die Mahlzeiten nahmen wir gemeinsam mit unserer Wirtin ein

und saßen dann oft noch in familiärer Runde zusammen und tauschten Erfahrungen und Gedanken aus. Hier, im Marburg des Jahres 1934, also wurde ich Zeuge eines weiteren Meilensteins der hitler'schen Machtpolitik, des sogenannten Röhm-Putsches: Als wir am Morgen des 20. Juni zu unseren Vorlesungen gingen, hörten wir per Lautsprecher, dass „durch das entschlossene Eingreifen des Führers eine Revolte im Keim erstickt worden sei". Erst im Laufe des Tages sickerte die Nachricht durch, dass in Bad Wiessee, während eines Bundestreffens der SA, ein erheblicher Teil der SA-Spitze mit samt einer großen Anzahl ihrer Männer in ihren Hotels erschossen worden seien. Als wir an diesem Abend und den folgenden zusammensaßen, gab es nur das eine Thema: Der Röhm-Putsch! Und als schließlich Hitler in einer Rede vor dem eilig einberufenen Reichstag seine eigenmächtige Maßnahme rechtfertigte, fragte der Jurist in unserer Mitte betroffen: „Mal ehrlich, was unterscheidet ihn eigentlich von Stalin?" Ich erinnere mich noch gut, wie sehr ich bei diesem Vergleich erschrak, doch nagender Zweifel war auch in mir längst geweckt!
Kurz nach diesen Ereignissen wurden die studentischen Verbindungen verboten – vermutlich, weil man auch hier die Bildung oppositioneller Gruppierungen befürchtete. Überhaupt, die Angst der Machthaber vor einer Opposition hatte, so erfuhren wir nach und nach, dazu geführt, dass im Rahmen der angeblichen SA-Säuberungsaktion auch eine ganze Reihe anderer Oppositioneller „mit beseitigt" worden waren
Wenn ich heute an die vier Monate in Marburg zurückdenke, so fallen mir jedoch auch all die schönen Eindrücke von der malerischen Umgebung und der Stadt selbst mit der herrlich imposanten Elisabethenkirche, in der später, während des Krieges ja der angebliche „Zweifler von Potsdam" (Friedrich der Große, Anm. d. L.) Zuflucht „unter dem Mantel der Heiligen Elisabeth" finden sollte, wieder ein. An erster Stelle meiner Erinnerungen jedoch stehen die Stunden an der Universität mit all ihren vorzüglichen Lehrern; am herausragendsten unter ihnen Professor Bultmann: Mit seinen textkritischen Forschungen legte er bereits damals die Grundlagen für die „Theologie der Entmythologisierung", mit Thesen, die nach dem Krieg jede Menge an Kontroversen, nicht nur unter Studenten, auslösten. Für uns Lernende war es schon damals nicht immer leicht, die spannungsvolle Unterscheidung zwischen dem emotionalen Glauben an den lebendigen Herrn Jesus Christus und der rationalen Erforschung der geschichtlichen Überlieferung zu begreifen und auch zu ertragen.
Aber, wenn ich an Marburg denke, dann wird auch die Erinnerung an meine erste große Liebe wieder lebendig, eine Liebe, für die ich viele Kilometer an die

Ostsee fuhr, um eine viel zu kurze Zeit mit dem Mädchen zu verbringen, das ich aus Marburg nur vom Foto auf dem Schreibtisch meines Freundes kannte. Ich hatte dieses Bild seiner Schwester gesehen und meinte zu ahnen: „Die oder Keine!" Dass es nach der ersten, nur wenige Stunden währenden Begegnung, die wir beide in dem Gefühl, uns schon ewig zu kennen, eher wie ein glückliches Wiedersehen empfanden, durch Einwirkung von außen dennoch zur totalen Entfremdung kam, das gehört wohl auch zu den unergründlichen Geheimnissen meines Lebens, nein, des Lebens überhaupt...
Schon vor dem Semester in Marburg hatte ich daheim eine erste Feuerprobe für meinen künftigen Dienst in der Kirche bestanden: Der heimische Pfarrer (Pfarrer Lilienthal aus der Luisenstadtgemeinde, Anm. d. L.), mein Vorbild in mancher Hinsicht, hatte mich erstmals dazu bestimmt, ihn im Gottesdienst zu vertreten. Das bedeutete, ich musste, von der Kanzel herab, einen ganzen Gottesdienst ohne Notizen gestalten, denn das Manuskript hatte ich mutig in der Sakristei zurückgelassen. Es war alles gut gegangen, doch spürbar, sehr mit Gottes Hilfe. Nach meiner Rückkehr aus Marburg im Herbst 1934 übernahm ich zunächst eine weitere Gottesdienstvertretung, diesmal für einen anderen Pfarrer und fürs Erste verschiedene Kindergottesdienste, denn Kindergottesdiensthelfer war ich ja schon seit Jahren.

Joachim Strauss, 1930er Jahre

Leben und Tod

1935 bis 1947

Ein Ausflug nach Wannsee an einem Sonnabend im Sommer 1935 brachte die entscheidende Weichenstellung für meinen weiteren Lebens- und Berufsweg: Ich kannte damals den Stadtteil Wannsee im Südwesten Berlins kaum, einmal abgesehen von dem allseits bekannten Strandbad am Großen Wannsee, denn meist führten uns unsere Wochenendausflüge, schon rein verkehrstechnisch, eher nach Südosten, in Richtung Müggelsee. An diesem Sonnabend jedoch entdeckte ich die Pfaueninsel und ganz in ihrer Nähe die evangelische Kirche St. Peter und Paul auf Nikolskoe. Als wir in die Nähe des Gotteshauses hoch über der Havel kamen, empfingen uns die Klänge der Orgel. Erstaunt stellten wir fest, dass diese Kirche nicht nur zufällig, aus Anlass einer kirchenmusikalischen Veranstaltung, sondern an jedem Wochentag geöffnet war und die Spaziergänger zum Verweilen einlud. Die Idee einer offenen Ausflüglerkirche beeindruckte mich bei dieser ersten Begegnung bereits so sehr, dass ich dem zuständigen Pfarrer Fritz Schmidt schrieb und mich bei ihm für dieses Erlebnis bedankte. Daraus entstand nicht nur ein weiterer Schriftverkehr, sondern schließlich auch ein regelmäßiger telefonischer Kontakt.
Das Ergebnis: Bereits am 22. August 1935, also schon kurz nach meinem ersten Besuch in der Kirche, hielt ich meine erste Ausflüglerandacht auf Nikolskoe. Im Jahre 1936 half ich bei der Organisation und Durchführung von täglichen Andachten und häufigen musikalischen Veranstaltungen im Rahmen des 14-Tage-Programms während der Olympischen Spiele in Berlin.
Danach im Winter 36/37 bereitete ich mich auf das erste theologische Examen vor und bestand es mit gutem Ergebnis im Frühherbst 1937. Auf Bitte von Pfarrer Schmidt wurde ich daraufhin vom Evangelischen Konsistorium ab 1. September 1937 der Kirche auf Nikolskoe als Vikar zugeteilt und zog so, zwei Jahre nach meinem Ausflug nach Wannsee, in das für St. Peter und Paul zuständige Pfarrhaus in Neubabelsberg ein. Eine glückliche Fügung des Schicksals, wie ich fand!
Vom 1. April 1938 an übernahm Pfarrer Schmidt im Auftrag des Evangelischen Oberkirchenrates die Aufgabe, innerhalb der Hauptreisegebiete im Einzugsbereich der Kirche der altpreußischen Union die Angebote für die Ausflügler- und Reiseseelsorge ausbauen zu helfen. In dieser Zeit seiner Abwesenheit wurde ich als „Prädikant" der Kirchengemeinde Neubabelsberg mit Schwerpunkt „St. Peter und Paul auf Nikolskoe" eingesetzt. Während dieser Vertretungsmonate lernte ich die unterschiedlichen Seiten des praktischen Seelsorgedienstes kennen

und kam mit sehr vielen Menschen in Kontakt. In den vielen Gesprächen kam mancherlei zum Vorschein, das mich in meiner wachsenden Kritik an den Methoden des „gottbegnadeten" Führers und seiner Stellvertreter bestärkte. Für mich und wohl für viele junge Menschen, jedenfalls aus dem sogenannten Bürgertum, die wir noch aufgewachsen waren nach dem Grundsatz „Ein Mann, ein Wort!", die wir sowohl auf Inhalte wie auf deren Glaubwürdigkeit großen Wert legten, war die Tatsache, dass sich rund um uns herum ein beängstigendes Spitzel- und Denunziantentum ausbreitete, ja regelrecht gezüchtet wurde, völlig unfassbar. Dieser Mann, dessen Lippen ständig überflossen von der Betonung einer neuen, einigen Volksgemeinschaft und Verbundenheit untereinander, zerstörte ganz offensichtlich selbst die notwendigen Grundlagen dazu. Das verstohlene Gespräch hinter vorgehaltener Hand mit ängstlich huschenden Blicken nach links und rechts wurde immer mehr zum alltäglichen Ausdruck dieser Art von Volksgemeinschaft!

Es ging sogar so weit, so erfuhr ich, dass man auch Lehrer dahingehend verpflichtete, Kinder zu Denunzianten ihrer eigenen Eltern zu erziehen. Man bediente sich dabei den unmündigen Schülern gegenüber der Behauptung, es gebe Menschen, die „dem von Gott gesandten Führer" Unheil zufügen wollten. Deshalb müsse der eine auf den anderen achtgeben, und eben auch die Kinder auf ihre Eltern aufpassen. Sollten sie also daheim abfällige Bemerkungen über Hitler aufschnappen, so seien sie verpflichtet, dies ihren Lehrern zu melden; alles Weitere würden diese dann veranlassen... Und es hat tatsächlich solche Lehrer gegeben, die das Weitere veranlasst haben!

Was da in meiner Heimat geschah, beunruhigte mich zunehmend. Die drängenden Gespräche, die ich mit meinen Eltern bei Besuchen in Luisenstadt über diese gemachten Erfahrungen führte, brachten keine Klärung. Mein Vater tat all diese Berichte als unhaltbare Gerüchte ab. Er wollte es nicht glauben, und das, obwohl er selbst mir nach den letzten Wahlen als Leiter unseres zuständigen Wahllokales unter dem Siegel strengster Verschwiegenheit (das ich mit dieser Notiz heute erstmals breche) anvertraute, dass die Wahlurne einem Taxifahrer mit Beifahrer vor dem Wahllokal übergeben werden musste. Die Wahlunterlagen wurden zu einer sogenannten zentralen Zählstelle transportiert...!

Am 1. Oktober 1938 endeten vorerst meine Aufgaben in der Kirche über der Havel. In Naumburg am Queis (in Schlesien, Anm. d. L.) schrieb ich mich zum Predigerseminarjahr ein. Die Zeit der Praxis in Neubabelsberg, mit all ihren vielseitigen Aufgaben und Kontakten, wurde nun abgelöst von einer Phase der Besinnung in klösterlicher Abgeschiedenheit, in Gemeinschaft mit fast dreißig

künftigen Amtsbrüdern. Obwohl wir alle aus verschiedenen Provinzen Preußens kamen, entstand schnell eine ehrliche Verbundenheit. Daran änderte auch die „große Kirchenpolitik" um uns herum nichts.
Die vier Brandenburger, unter ihnen auch ich, entstammten einem Konsistorialbereich, deren tonangebende Oberkonsistorialräte Dr. von Arnim und Lic. Dr. Kegel der „Bekennenden Kirche" weit näher standen als den „Deutschen Christen". Wir fühlten uns also bei Dr. Kegel als Vorsitzenden der Prüfungskommission in wirklich guten Händen. Beide Herren wurden übrigens nach dem Zusammenbruch 1945 umgehend mit der Reorganisierung des Konsistoriums betraut, und Dr. von Arnim zum ersten Konsistorialpräsidenten nach dem Krieg berufen.
Den 9. November 1938 erlebte ich im stillen Naumburg am Queis, einem Ort ohne jüdische Geschäfte und damit auch ohne jüdische Pogrome. Was ich und meine Seminarbrüder jedoch bei unserem nächsten Urlaubssonntag darüber erfuhren oder mit eigenen Augen sahen, erschütterte uns zutiefst. Besonders aufgebracht waren wir, als wir im Seminar erfuhren, dass Propagandaminister Goebbels die unentschuldbaren Untaten der SA als „spontanen Wutausbruch des deutschen Volkes über den feigen Mord eines jüdischen Studenten an Botschaftsrat vom Rath" deklarierte. Dass sowohl die Tisch- als auch weithin die Seminargespräche der nächsten Tage von diesen Geschehnissen überschattet waren, versteht sich wohl von selbst. Vor allem auch die Vernichtung der Synagogen entsetzte uns ganz persönlich, denn die sich abzeichnende Tendenz, eine politische Marschroute weg vom Programmpunkt 24 des Parteiprogramms, ließ bedrückende Analogieschlüsse zur Situation praktizierender Christen zu, zumal es in vielerlei Hinsicht merkliche Anlehnungen an Stalinmethoden gab.
Der Juli 1939 unterbrach meine Seminarzeit auf besondere Art: Mein „Chef", Schmidt-Clausing, vermittelte mir eine vorübergehende Stelle als Kurprediger auf der Kurischen Nehrung in Rossitten/Pillkoppen.
So bekam ich die Gelegenheit, im vorletzten Monat vor dem Ausbruch des unseligen Zweiten Weltkrieges, diese wunderschöne Landschaft noch in ihrer ganzen Pracht kennenzulernen. Da ich jedoch auf der Hinreise mit dem Zug durch den „polnischen Korridor" an mancherlei Schikanen und Unfreundlichkeiten der Kontrolleure deutlich die angespannte Vorkriegsatmosphäre zu spüren meinte, buchte ich für die Rückfahrt sicherheitshalber den Seeweg über Danzig-Swinemünde.
Meine Vorahnungen trogen mich nicht. Nach Naumburg kehrte ich schließlich nur noch für einen statt der geplanten zwei Monate zurück: Am 30. August 1939 erhielten die ersten „Mönche" im Kloster Naumburg ihre Einberufungsbefehle

und brachten so den Seminarbetrieb ungewollt am 31. August zum Erliegen, so dass wir in unsere Heimatorte zurückkehren mussten. Da ich noch keinen Wehrdienst geleistet hatte, wurde ich zunächst nicht einberufen. Deshalb meldete ich mich beim Konsistorium und erklärte mich bereit, den Vertretungsdienst in einer Gemeinde zu übernehmen. Dr. Kegel entsandte mich nach Brandenburg an die dortige Domgemeinde, deren Pfarrer als Hauptmann der Reserve schon in Polen stand. Die jetzt verhältnismäßig kleine Gemeinde fand bequem Platz in der Krypta der Kirche, so dass wir von nun an dort die Gottesdienste feierten. Leider war die Ehefrau des Brandenburger Pfarrers alles andere als kooperativ. In dem steten Bemühen, die Zügel der Gemeinde bis zur Rückkehr ihres Mannes fest in der Hand zu halten, warf sie mir mehr als einen Stein in den Weg. Am Sonntag vor dem Buß- und Bettag kam es zur ersten harten Auseinandersetzung über unsere sehr unterschiedliche Auffassung von christlicher Pflicht und Verantwortung. Ich hatte nämlich bei den Abkündigungen eingeflochten, dass in diesem Jahr der Bußtag von staatlicher Seite als Feiertag ausgesetzt sei; dennoch, so hatte ich den Gemeindegliedern mitgeteilt, sei ich der Ansicht, dass gerade die Ursache für die Aussetzung Grund genug für alle sei, Gott um Einkehr und Umkehr zu bitten. Daher sei ich entschlossen, morgens um 6.30 Uhr, vor

Amtseinführung nach Studienabschluss, Brandenburger Dom, 1940

Dienstbeginn, und abends um 19 Uhr, nach Dienstschluss, jeweils eine Andacht zu halten. In die Fürbitte dieses Sonntags schloss ich zudem eindringlich die Bitte um Vergebung begangener Schuld mit ein.
Als ich nach der Verabschiedung der Gemeinde in die Sakristei kam, wurde ich dort von den wüsten Beschimpfungen und Vorwürfen der Pfarrfrau empfangen. Sie drohte mir mit einer Anzeige bei der Gestapo und dass sie meine umgehende Abberufung beantragen werde. In der darauffolgenden hitzigen Debatte bestand ich erfolgreich wenigstens auf der Durchführung der Abendandacht; die Forderung meiner Abberufung hingegen konnte ich ihr nicht ausreden. Das Konsistorium entsprach natürlich nicht ihrem Wunsch, und so blieb ich für den gesamten Zeitraum meiner Entsendung in Brandenburg, bemüht, meinen Dienst im Einklang mit meinem Gewissen ordentlich zu verrichten.
In meiner Freizeit bereitete ich mich derweil auf das zweite Examen vor, und legte es Ende Januar 1940 erfolgreich ab. Mit Verfügung vom 6. Februar 1940 wurde ich, gemeinsam mit fünf weiteren Vikaren, am 11. Februar 1940 in der Erlöserkirche zu Berlin-Lichtenberg ordiniert und war somit ordentlicher Pastor der Evangelischen Kirche Berlin-Brandenburg. Unmittelbar danach wurde ich nach Haage bei Friesack berufen, um den dortigen Amtsbruder – auch er war bereits im Kriegsdienst – zu vertreten. Mir blieb dort nur eine kurze Zeit, denn schon im Juni 1940 wurde ich zu den Panzergrenadieren nach Bad Freienwalde einberufen.
Was folgte, war eine harte, intensive Grundausbildung, bei der es mir Morgen für Morgen im Waschraum nur mit Mühe gelingen wollte, meine Vernunft abzuwaschen, und so all den Platz zu schaffen für: „Jawohl, Herr…!" Hier lernte ich einen Umgangston kennen, der mir von Haus aus – Gott sei Dank – nicht geläufig war und den ich in keinem Augenblick akzeptieren konnte.
Anfang 1941 landete ich schließlich bei der 8. Panzerdivision in Südfrankreich. Von dort aus nahm ich an der Besetzung Jugoslawiens im gleichen Frühjahr teil, im Rahmen eines sogenannten Blitzkrieges. Die Aufgabe meines Bataillons dabei glich einem wahren Himmelfahrtskommando: Wir sollten den gesamten Generalstab der jugoslawischen Südarmee, stationiert in der Nähe von Sarajewo, in Ucica, ausschalten.
Um dorthin zu gelangen, mussten wir quer durch die jugoslawischen Stellungen, in einer Nachtfahrt bei vollen Scheinwerfern, durch die Berge fahren. Zu unserem Glück konnte sich keiner der Jugoslawen vorstellen, dass der Feind derart unverfroren ihre Linien kreuzen würde; man ging davon aus, es handele sich bei den Lichtern unseres Konvois um eigene Leute und ließ uns unkontrolliert

passieren. Im Morgengrauen erreichten wir unser Ziel und nahmen die Offiziere in ihren Betten gefangen! „Meine" Besetzung Jugoslawiens geriet so zu einer ziemlich kampflosen Angelegenheit. Umso schmerzlicher trafen uns dann auf Dauer die Verluste durch den Partisanenkrieg, der sich noch über fast vier Jahre hinzog.

Nach Erfüllung unseres Auftrages folgten erst einmal wundervoll „friedliche" Tage in herrlicher Landschaft. Wir zogen von der Adriaküste über den Skutarisee und über Dubrovnik bis an die albanische Grenze. Dort vereinigten wir uns mit den Italienern. Dann ging es über Wien, Prag, immer weiter nach Norden; wir näherten uns Berlin. Was aber sollte das Ganze? Wohin wollten wir eigentlich? Inzwischen war die Division auf die Bahn verladen worden und umfuhr Berlin, Richtung Nordosten. Etwa gegen die Sowjetunion? Nein, unmöglich. Noch bestand schließlich der Nichtangriffspakt, oder?! Vielleicht konnte es sein, dass unsere Truppen auf Durchmarscherlaubnis warteten, um dem Afrikakorps

Als Soldat (li.) in Jugoslawien, 1941

Entlastung zu bringen? Die tollsten Spekulationen machten die Runde, nur das Naheliegende wollte niemand für möglich halten.
Als wir dann bei Memel standen und die dortige Grenze überschritten, fielen zunächst keine Schüsse. Im Gegenteil, die Baltendeutschen feierten uns als ihre Befreier aus stalinistischer Unterdrückung, denn Stalin hatte sich die drei baltischen Staaten im Zuge der Neuordnung in Polen einverleibt. Sollten etwa wir diesen fatalen Schritt nun nachträglich korrigieren?
Erst bei Dünaburg setzte eigentlicher Widerstand ein. Nachdem wir die Hauptdünabrücke im Handstreich genommen hatten, trafen wir auf der anderen Seite auf russische Soldaten in ihren Schützenlöchern, Leichen, durch Genickschuss getötet. Vermutlich hatten sie ihre Stellungen räumen wollen und waren von ihren eigenen Politrucks erschossen worden... Der weitere Vormarsch unseres Abschnittes ging zügig voran. Paradoxerweise gehörte es zu unseren Aufgaben, hier, in den besetzten Gebieten, die zweckentfremdeten Gotteshäuser wieder ihrer eigentlichen Bestimmung zuzuführen, während sich in Deutschland selbst der politische Druck der Nationalsozialisten auf die Kirchen verstärkte.
Wir näherten uns bereits dem Ilmensee, als es für mich zur ersten Feindberührung kam. Als Bataillonsmelder im Beiwagenkrad bewegte ich mich oft im Niemandsland. Bei einer solchen Erkundungsfahrt im Schrittempo hörten wir plötzlich ein merkwürdiges Zischen; wir gingen sofort in Deckung. Kurz danach vernahmen wir einen dumpfen Aufschlag, weiter nichts. Als wir nach einiger Zeit unser Versteck verließen, lag nicht weit entfernt, mitten auf der Straße, eine Panzergranate – ein Blindgänger. Wäre sie detoniert, hätten wir schlecht ausgesehen ... Wir kehrten schnell um und machten Meldung über die erfolgte Feindberührung – dem Vorzeichen für meine erste und einzige massive Kampferfahrung. Zwei Tage später nämlich, es war der 14. August 1941, erhielt ich erneut einen Auftrag; diesmal sollte ich Kontakt zu unserem Nachbarbataillon herstellen. Der Tag verging, es wurde inzwischen dunkel, ohne dass ich etwas erspäht hatte; Krad und Fahrer hatte ich zurückgelassen. Ich beschloss also, den Morgen abzuwarten, da die Nächte noch kurz waren, und suchte mir eine sichere Deckung.
Als ich erwachte, ging vor mir gerade die Sonne am blauen Himmel auf. Vor mir lag eine saftige Wiese, dahinter ein Kornfeld. Es herrschte absolute Stille, ein Morgen, wie man ihn sich idyllischer nicht wünschen könnte. Während ich ein wenig verträumt umherschaute, sah ich aus dem Augenwinkel eine Bewegung im Kornfeld. Wenige Augenblicke später tauchte ein Russe auf, in Sekundenbruchteilen registrierte ich, dass er niederkniete, und schon drehte ich mich

reflexartig zur Seite und warf mich auf die Erde; noch während ich fiel, traf mich ein harter Schlag am rechten Arm; ich konnte ihn plötzlich nicht mehr bewegen, spürte, wie das Blut mir aus dem Mund floss, hörte noch ein leises Motorengeräusch, mein Kradfahrer riss mich in den Beiwagen, raste mit mir davon. Mir schwand das Bewusstsein...

Am nächsten Tag besuchte mich der Fahrer auf dem Verbandsplatz und erzählte mir, dass unmittelbar nach diesem Zwischenfall ein heftiger Angriff der Russen erfolgt sei und dass es eine Menge Verwundete gegeben habe, vor allem durch Granatsplitter. Ich hatte nach einer Morphiuminjektion fast 20 Stunden geschlafen und zählte zu den nicht Transportfähigen, wie ich dem angehefteten Pappstreifen entnehmen konnte.

Einen weiteren Tag später stellte sich heraus, dass wir eingeschlossen waren, so dass unsere fünf „Sankras" (Sanitätskraftwagen, Anm. d. L.) erst in der dritten Nacht auf Schleichwegen der Umklammerung entkommen konnten. Wir wurden nach Pskow ins Lazarett überführt und erhielten hier erste ärztliche Versorgung. Dabei stellte der Arzt fest, dass ich keinen Granatsplitter abbekommen hatte, sondern durch den Gewehrschuss des Scharfschützen am Feldrand verwundet worden war. Die reflexartige Drehung hatte mir das Leben gerettet, denn Ziel des Schützen war mein Herz gewesen. So aber hatte der Einschuss „nur" drei Rippen getroffen, war zum Querschläger geworden, so dass mein rechter Lungenflügel schwer verletzt war, und hatte schließlich eine große Ausschusswunde hinterlassen. Ich verbrachte längere Zeit in verschiedenen Lazaretten. Über die Burg Lötzen – auch sie war inzwischen zum Lazarett geworden – kam ich im Herbst mit einem der ersten Krankentransportzüge nach Berlin und wurde hier im Juni 1942 aus dem Reservelazarett in einem Gemeindehaus in Lichterfelde zum Ersatztruppenteil nach Eberswalde entlassen. Wegen dreier Infiltrate im rechten Lungenflügel war ich vorerst nicht fronttauglich und verblieb zunächst bei der Genesungskompanie. Dann wurde ich schließlich zum Regimentsstab versetzt und von dort aus, im Herbst 1943, zu einem Regimentsstab nach Aarhus in Dänemark. Die dort stationierte Reserve Panzerdivision besaß keine eigenen Kriegspfarrer mehr, dafür aber einen überaus frommen General namens Fremerey. So kam es, dass ich am Heiligen Abend 1943 im Dom zu Aarhus eine Christvesper für die deutschen Truppen in der Stadt halten durfte. Den Anblick des bis auf den letzten Platz gefüllten Domes an diesem Abend werde ich niemals vergessen, so tief hat mich dieses Erlebnis berührt.

Leider kam es in diesem Zusammenhang nie zu einem Gespräch mit dem zuständigen Dompropst, denn verständlicherweise wünschte er keinerlei Kontakt zu Angehörigen der deutschen Besatzung. Auch der Umstand, dass unser Stab sehr bald verlegt wurde, verhinderte eine sonst vielleicht doch noch möglich gewordene Begegnung mit ihm oder auch einen intensiveren Kontakt zur Bevölkerung überhaupt.

Für mich persönlich hatte der Dänemarkaufenthalt eine zusätzliche Bedeutung: Ich war nämlich auf Veranlassung unseres Truppenarztes in Eberswalde dorthin entsandt worden, weil er der Überzeugung war, dass fettreiche Ernährung für die Regenerierung meiner Lunge sehr hilfreich sein könne. Er hatte mir dringend empfohlen, so viel und so oft wie möglich Schlagsahne zu essen. Also, auf zur Schlagsahnefront! – Mit hundertprozent durchschlagendem Erfolg übrigens, denn viel später, bei meiner Entlassungsuntersuchung aus der Gefangenschaft, im Lazarett Brüssel, stellte sich heraus, dass mein Lungenflügel vollkommen wiederhergestellt war. „Ohne die sichtbaren Narben auf der Brust sollte man nicht meinen, dass Ihre Lunge jemals verletzt gewesen ist", sagte der Truppenarzt damals zu mir. Doch ich will nicht weiter vorgreifen.

Nachdem Deutschland endlich kapituliert hatte, wurden die in Dänemark stationierten Soldaten im Raum Schleswig-Holstein interniert, unsere Truppe auf der Halbinsel Eiderstedt, meine Division in der Nähe von Osterhever. Unmittelbar

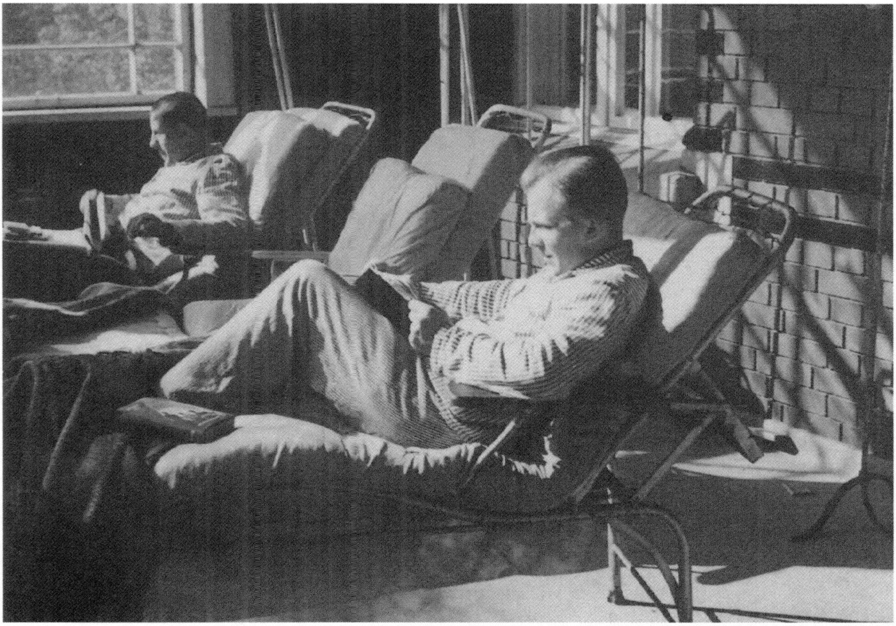

Genesung im Lazarett, 1942

nach Kriegsende hatte mich einer der ehemaligen hauptamtlichen Kriegspfarrer unseres „Internierten-Korps" angesprochen und mich gefragt, ob ich bereit sei, seinen Dienst zu übernehmen; er selbst könne nämlich entlassen werden, wenn er Ersatz stelle. Ich dachte nach: Einerseits war es für ihn wichtig, so bald wie möglich zu seiner Familie zurückzukehren und zudem eine Gemeinde zu finden, die ihn als Pfarrer annehmen würde. Auf der anderen Seite stand hingegen meine eigene Situation: Als Soldat aus dem Osten konnte ich vorerst – das wusste ich – nicht mit meiner Entlassung rechnen, da die Engländer, unter deren Befehlsgewalt wir jetzt standen, andere Pläne mit uns hatten. Außerdem kam hinzu, dass ich schon während des Krieges in die Pfarrstelle Buschow/Barnewitz gewählt worden war. Im Einvernehmen mit der Witwe des bisherigen Pfarrers, der im Frankreich-Feldzug gefallen war, hatten meine Eltern sogar schon zwei Zimmer im dortigen Pfarrhaus für mich eingerichtet. Doch meine Eltern waren tot. Auch sie waren dem verheerenden Bombenangriff auf das Zentrum Berlins am 3. Februar 1945 zum Opfer gefallen, gemeinsam mit der Mehrzahl der Gemeindeglieder unserer „Luisenstadt" um Heim und Leben gekommen.
Mein Vater und meine Mutter hatten eigentlich an diesem Wochenende in Barnewitz sein sollen, die notwendigen Fahrkarten waren bereits gekauft. Einer der drei Pfarrer der Luisenstadtgemeinde, der gerade diensthabende Luftschutzwart, hatte eine Konfirmandenrüste angesetzt und meinen Vater gebeten, ihn zu vertreten. Er sagte zu, und so fanden beide, anstatt, wie geplant, bereits in aller Morgenfrühe Berlin verlassen zu haben, bei dem Angriff mittags den Tod. In dem als bombensicher geltenden öffentlichen Luftschutzraum im Kirchenkeller starben mit ihnen rund 200 Menschen, darunter etwa 50 Kinder. Vierzehn Tage nach dieser Katastrophe hatte ich auf den Trümmern unseres Gemeindehauses, unserer Kirche gestanden, dort, wo ich aufgewachsen war und eine unbeschwerte, schöne Kindheit und Jugend verlebt hatte.
Nach langer Überlegung entschied ich mich, die Aufgaben meines Amtsbruders in Eiderstedt zu übernehmen, damit dieser zu seiner Familie zurückkehren konnte. In der Kirche von Osterhever hielt ich gleich am ersten Sonntag nach meinem Eintreffen, als frischbestellter Kriegspfarrer, drei Gottesdienste, die allesamt überfüllt waren. Im August 1945 wurde Eiderstedt geräumt und die meisten Soldaten nach Hause geschickt. Wir aus den östlich gelegenen Landesteilen Deutschlands mussten bleiben und wurden in den Raum Eutin verlegt. Dort wurden nach und nach auch die Ostbewohner entlassen, die nachweisen konnten, dass sie Unterschlupf bei Verwandten aus dem Westen finden würden.

Jene aber, die diese Möglichkeit nicht hatten, wurden nach Belgien in die dortigen Kohlengruben im wahrsten Sinne des Wortes verfrachtet. Mehr als einmal habe ich Kameraden zum Verladebahnhof begleitet, sie dort verabschiedet und bin dabei Zeuge geworden, unter welch harten Bedingungen die Deportation erfolgte. Mir selbst erging es schließlich nicht besser, denn bald danach suchte man Pfarrer für die Betreuung dieser Grubensoldaten und ich meldete mich zum Dienst: Gemeinsam mit zwei katholischen Kollegen wurde ich auf den letzten Transportzug nach Ostende verladen – ein Güterwagen je 40 Mann! – und auf die Reise geschickt. Am Reformationstag 1945 hatten wir unser Ziel erreicht und lernten dort erstmals, was es bedeutet, hinter Stacheldraht gefangen zu sein. Wir drei Geistlichen kamen in ein Lager, dessen Insassen hauptsächlich sehr junge Stabsoffiziere waren, vom Leutnant bis zum Major. Unter ihnen befanden sich zwar auch acht Pfarrer, die jedoch allesamt im Rang von Reserveoffizieren standen und daher Predigtverbot hatten. Auch wir sollten zunächst nicht tätig werden, konnten dieses Missverständnis aber im Gespräch mit dem englischen Lagerkommandanten aufklären und durften schließlich doch die Mitgefangenen geistlich betreuen. Und so folgten, bei aller Einschränkung der äußeren Lebensverhältnisse, wirklich schöne Wochen. Kein Tag verging ohne Morgenandacht, Bibelstunden in kleinem oder größerem Kreis und eine Fülle von persönlichen Gesprächen. Für nicht wenige dieser jungen Offiziere, die bislang ausschließlich durch NS-Erziehung und -Ausbildung geprägt waren, eröffnete diese erste Begegnung mit der Bibel eine gänzlich neue Welt: Viele von ihnen trieben orientierungslos dahin, nachdem die verlogene Welt, die sie als solche ja vorher nicht entlarvt hatten, über ihnen zusammengebrochen war. Jetzt tat sich eine verheißungsvollere Sicht der Dinge für sie auf. Ich versuchte, diese Phase der Revision bisheriger Werte und der Suche nach neuen zu nutzen, und hielt einen Vortrag über das Thema: Welche Chance eröffnet uns der Stacheldraht? Die Diskussionen im Anschluss hielten mehrere Tage an und so mancher dankte mir beim Abschied im Nachhinein für diese Hilfestellung. Der Höhepunkt meiner geistlichen Tätigkeit in diesen Wochen war für mich jedoch der Buß- und Bettag mit zwei Gottesdiensten und einem Abendmahlsgottesdienst in der Essensbaracke. Als ich schließlich eine Woche vor dem Christfest, gemeinsam mit einem der beiden katholischen Kollegen, dieses Lager verlassen musste, fiel uns beiden der Abschied schwer. Doch heute weiß ich, dass wir damals einer vielleicht noch größeren Verantwortung entgegenfuhren, in das Gefangenenhospital von Brüssel. Dieses Krankenhaus war kurz zuvor neu eingerichtet worden, für die

schwer kranken aus dem nahe der Stadt gelegenen Hauptlager, im belgischen Volksmund bekannt unter dem Schreckensnamen „Belgien-Belsen".
Die Gefangenen in diesem Lager lebten unter den denkbar schlechtesten hygienischen Umständen. Sie waren in Erdlöchern untergebracht, über die lediglich eine Zeltplane gespannt war, um wenigstens etwas Schutz vor der Witterung zu gewährleisten. Es grassierten Seuchen; am Tage vor dem Weihnachtsfest wurden 200 schwer Ruhr- und Typhuskranke in das Hospital eingeliefert. Das neue Krankenhaus war Gott sei Dank auf derartige Anforderungen vorbereitet: Es herrschte keinerlei Mangel an Medikamenten und (übrigens ausschließlich deutschem) Pflegepersonal, so dass dank der fürsorglichen Betreuung die Mehrzahl der Erkrankten überlebte und gesund wurde. Mit der Zeit erweiterte die Leitung des Hospitals die Versorgungsmöglichkeiten für die Kranken. Bald erhielten wir erstmals Besuch vom „YMCA" (Christlicher Verein junger Männer), der uns mit Schreib- und Lesematerial sowie einer Haus-Rundfunk-Anlage versorgte. Von nun an half also auch seelische Unterstützung in Form von Morgenandachten, Lesungen und Unterhaltungssendungen mit Schallplattenmusik dabei, die Männer so schnell wie möglich wieder auf die Beine zu bringen und ihre bald mögliche Entlassung voranzutreiben. Viele der Patienten, die die 300 Betten belegten, bekamen hier erstmals Gelegenheit, sich schriftlich mit ihren Familien in Verbindung zu setzen. Die Antworten, die sie in den darauf folgenden Wochen aus der Heimat erhielten, waren nicht selten sehr schmerzliche Nachrichten!
Auch ich selbst durchlebte während meiner Brüsselzeit eine sehr schwere gesundheitliche Krise. Schon bald nach Beginn meiner Internierungszeit hatte ich Anzeichen einer höchst unangenehmen Allergie bei mir entdeckt, ein Hautjucken, das mich besonders abends und nachts heftig zu quälen begann. Diese Symptome ließen auch in Brüssel nicht nach. Da es unter den Ärzten keinen Fachmann für Hautkrankheiten gab, versuchte schließlich einer der beiden Internisten, dem Übel zu Leibe zu rücken. Als jedoch keines der verabreichten Mittel helfen wollte, beschloss er, es mit einer hochdosierten Schockbehandlung mit „Belladonna" zu probieren.
Ich sehe noch heute deutlich vor mir, wie er die 18 Tropfen auf einen Esslöffel zählte. Bevor ich sie einnahm, hatte ich nochmals skeptisch gefragt: „Das alles, wirklich auf einmal?" Er bestätigte, ich schluckte... Wir wechselten noch einige Worte miteinander, ich verneinte seine Frage, ob ich schon eine Wirkung verspüre, und gingen schließlich jeder zu seinem Dienst. Ich hatte den Vormittag für die Isolierstation eingeplant, doch schon als ich das erste Krankenzimmer betrat, hatte ich plötzlich ein Gefühl als würden meine Fußsohlen aufgepumpt.

Das Gesicht des Kameraden im ersten Bett, über das ich mich beugte, verschwamm vor meinen Augen. Im nächsten Augenblick dröhnte der Lautsprecher in meine Ohren, ich hörte meinen Namen und ein „bitte dringend, sofort, umgehend ins Ärztezimmer!" Was war los? Der Arzt hatte, nachdem wir uns getrennt hatten, das Gebäude verlassen und war dem Apotheker begegnet, der gerade ins Haus eilen wollte, mit der Bemerkung: „Ich muss schnell noch mal zum Giftschrank. Sie haben ihn ja wohl noch nicht benutzt, oder?" „Ganz im Gegenteil," lautete die Antwort des Arztes, „ich habe eben dem Pastor Belladonna verabreicht!" „Um Himmels Willen, wo steckt er, schaffen Sie ihn sofort her, die Dosierungsanleitung für Belladonna stimmt nicht, es ist die zehnfache Konzentration." Mit dieser Schreckensbotschaft rannte der Arzt ins Büro und rief mich über Lautsprecher; zeitgleich besorgte der Apotheker Kohlepulver. Ich schluckte es wieder und wieder, bis mir die Sinne schwanden ... Nach einer sehr, sehr langen Nacht erwachte ich; neben meinem Bett hörte ich einen Stoßseufzer der Erleichterung des Arztes, der mich mit einem aus tiefstem Herzen kommenden „Gott sei Dank." wieder unter den Lebenden begrüßte.
Mir war, als wäre mein Hals mit Feuer ausgebrannt. Eine Kanne kalten Tees stand für mich bereit. Erst viel später fanden wir heraus, dass ausgerechnet der Tee die Quelle meines Leidens war: Er wurde mit Süßstoff gesüßt, und ich war allergisch gegen Saccharin!
Die folgenden Wochen vergingen wie im Flug. Der Lazarettaufenthalt wurde für die meisten Patienten zur Zwischenstation für eine in Aussicht stehende Entlassung. Pfarrer de Wilde vom YMCA lieferte weiterhin Schallplatten, und wir veranstalteten regelrechte Wunschkonzerte. Am 10. Juni 1946 schließlich feierten wir über das Radio einen allgemeinen Abschiedsabend, dem am nächsten Morgen die Einzelverabschiedung mit anschließendem Abtransport zur Entlassungsstelle Hannover folgte. Auch meine Zeit der Gefangenschaft hatte ein Ende.
Am 20. Juni traf ich bei meinen Verwandten in Kirchhatten bei Oldenburg ein. Der letzte noch lebende Bruder meiner Mutter war hier Lehrer und Kantor. Am folgenden Sonntag gingen wir gemeinsam zum Gottesdienst und trafen anschließend den Pfarrer zum Gespräch und bei dieser Gelegenheit bat er mich um eine, wenn möglich mehrwöchige, Vertretung, da er in den letzten Jahren keinen Urlaub gehabt hatte. Ich willigte gern ein, denn ich war sicher, dass die tägliche Arbeit mit der Gemeinde mir die Eingewöhnung in das zivile Leben sehr erleichtern würde. Nach fast vierwöchiger Tätigkeit wurde ich zum Oberkirchenrat nach Oldenburg gerufen. Dort sprach ich mit Oberkirchenrat Ehlers, dem späteren zweiten Präsidenten des neuen westdeutschen Bundestages. Er bat

mich, einen „vorläufigen" Vertretungsdienst in Brake an der Weser zu übernehmen, denn dort herrsche zur Zeit dringender Bedarf.
Ich siedelte also um. Im Laufe des Augusts fragte man mich dann, ob ich nicht ständig in Oldenburg bleiben wolle, die Landeskirche sei gern bereit, mich fest zu übernehmen. Ich wandte ein, dass ich der Berlin Brandenburgischen Landeskirche schon seit der Vorkriegszeit verpflichtet sei, doch man erklärte mir, dass dies auf Grund der politischen Umstände zur Zeit keine Rolle spiele, da niemand gegen seinen Willen veranlasst werden könne, in die „Ostzone" unter sowjetische Herrschaft zurückzukehren. Niemand könne die Garantie übernehmen, dass es keine Weiterleitung in erneute Kriegsgefangenschaft gebe. Eine unschöne Vorstellung, doch wir einigten uns dennoch darauf, dass eine offizielle Anfrage nach Berlin erfolgen solle. Gebe mich meine Landeskirche daraufhin frei, so werde ich gern dort bleiben, wo ich war, denn Brake gefiel mir außerordentlich gut. Schon nach 14 Tagen kam das Telegramm aus Potsdam: „Bitte so bald wie möglich zurückkehren, dringend benötigt!" Die Würfel waren wieder einmal gefallen, ich würde also nach Berlin reisen. Doch wie? Es war damals nicht ganz einfach, in die ehemalige Reichshauptstadt zu gelangen. Schließlich bestieg ich einen britischen Militärzug und fuhr bis nach Potsdam; dort stieg ich bei einem inoffiziellen Halt in Griebnitzsee zur Verwunderung des Bahnhofsvorstehers einfach aus, verließ das Bahnhofsgelände und machte mich auf den Weg nach Neubabelsberg, mitten durch sowjetisches Sperrgebiet. Auf Anraten des Bahnangestellten benutzte ich zunächst ohne Probleme die S-Bahn nach Potsdam. Dann marschierte ich zu Fuß durch die ganze Stadt und kam schließlich am Sonntagmorgen des 15. September 1946 um 9.30 Uhr, genau mit dem Vorläuten, in Klein-Glienicke an.
Der Empfang war rührend. Ich wusste, ich war zu Hause angekommen. Ich erkannte fast alle Gottesdienstteilnehmer wieder und ging sofort in ihren Kreis ein. Mein Vikarzimmer wurde mir die nächsten Wochen wieder zu einer Heimat, denn mein eigentliches Zuhause hatte ich ja schon lange verloren. Die ersten Tage vergingen mit all den Formalitäten für meine Wiedereinbürgerung. Dann übernahm ich sofort die Vertretung für meinen alten Freund und früheren Vikariatsvater, Pfarrer Fritz Schmidt, inzwischen Dr. Schmidt-Clausing. Auch er hatte jahrelang keinen Urlaub mehr nehmen können, hatte die volle Verantwortung für seinen Dienstbereich, der in der Zwischenzeit noch zusätzlich um den eines „Reservelazarettpfarrers" erweitert worden war, tragen müssen.
Im Laufe der Woche fuhr ich zum Konsistorium, einmal, um mich offiziell zurückzumelden, und zum anderen, um mit Oberrat Andler, allgemein „Vati Andler"

genannt, meine weitere Zukunft zu besprechen. Die Pfarrstelle in Buschow/ Barnewitz, auf die ich während des Krieges durch das Domkapitel Brandenburg berufen worden war, war inzwischen besetzt und somit versorgt. Da ich bislang nie Gelegenheit gehabt hatte, nähere Beziehungen zu und in dieser Pfarre zu knüpfen, sie ja überhaupt nur von wenigen Urlaubstagen während des Krieges kannte, fiel mir der Verzicht nicht sehr schwer. Andler legte mir also eine Liste mit 42 vakanten Pfarrstellen vor. Ich bat ihn, mich dorthin zu schicken, wo der Bedarf am dringendsten sei, und landete somit zum 1. November 1946 in Zossen. Auch hier hätte ich mich sicher sehr schnell und gern eingelebt, doch es gab schon sehr bald neue Pläne: Am 10. Januar 1947 erreichte mich ein Telegramm aus Potsdam: „Bitte umgehend kommen. Gruß Fritz". Ich hatte bereits davon gehört, dass Bischof Otto Dibelius meinen Freund dazu ausersehen hatte, die seit dem ersten großen Luftangriff über ganz Berlin verstreute Kaiser-Friedrich-Gedächtnis Gemeinde in Tiergarten wieder zu sammeln und für ein neues Gotteshaus zu sorgen. Die Gemeinde Neubabelsberg würde also neu besetzt werden! Am 12. Januar 1947 brach ich meine Zelte in Zossen ab und traf am frühen Nachmittag wieder in Neubabelsberg ein.

Eine der ersten Trauungen, Nikolassee 1948

Ein wenig traurig war ich schon, Zossen so bald wieder verlassen zu müssen, doch die zu erwartende Aufgabe, eine Berufung in die Nachfolge meines Vikariatsvaters, war zu verlockend, um darauf zu verzichten. Und tatsächlich, der Gemeindekirchenrat hatte, noch unter Vorsitz von Pfarrer Dr. Fritz Schmidt-Clausing, bereits die Bitte, mir die freiwerdende Pfarrstelle zu übertragen, an das Evangelische Konsistorium gerichtet.
Und nun endlich zog ich wieder und diesmal auf Dauer, in die Gemeinde ein, die ich nach dem Prädikantendienst vor acht Jahren verlassen hatte, nur acht kurze Jahre, die dennoch die Welt aus den Angeln gehoben hatten. Ich richtete mich in dem großen Pfarrhaus ein, zusammen mit Frau Stiege, die mein Vorgänger als „guten Geist" mit ins Pfarrhaus gebracht hatte. Ich war damals allein, hatte keinerlei Familie und somit sehr froh, in ihr eine treue Hausgenossin zu haben. Dank einiger Berliner Verwandter väterlicherseits konnte ich jetzt die wenigen Gegenstände, die sie bei den Aufräumungsarbeiten in Luisenstadt aus der gänzlich verschütteten Grabkammer der Kirche gerettet und für mich aufbewahrt hatten, zu mir in meine Wohnung holen. Um alles weitere auf meinem Weg würde ich mich künftig allein kümmern müssen. Doch wieder, wie früher schon, öffneten sich die Türen meines Lebens vor mir und in mancher Mußestunde fühlte ich ganz deutlich, dass ich ein Geführter – ein immer wieder Bewahrtgebliebener war.

Brigitte Strauss mit Tochter Dorothee und **Frau Stiege**, 1960

Ost und West
1947 bis 1977

Schon in den dreißiger Jahren, während meiner ersten Neubabelsberger Zeit, hatte ich Familie Cranz aus dem Filialbereich Sacrow kennengelernt. Unter den ersten Konfirmanden, die ich 1936 mit betreuen durfte, war die älteste Tochter der Familie gewesen. Sie war natürlich inzwischen längst herangewachsen und verheiratet. Doch sie hatte jüngere Schwestern.
Ende Januar 1947 übermittelte Frau Schmidt-Clausing mir die Einladung der Familie Cranz zu einem „Teestündchen zum Wiedersehen nach langer Zeit". Hocherfreut fuhr ich also wenige Tage später nach Zehlendorf, wo die Familie inzwischen wohnte. Aus dem geplanten Stündchen wurden viele Stunden, und aus dem Tässchen viele Tassen. Nie hatte Tee mir so gut geschmeckt wie damals, wurde er doch von der inzwischen ältesten Tochter im Hause, Brigitte, gar so charmant eingeschenkt! Ich fieberte förmlich der nächsten Begegnung entgegen, erhielt wenig später auch die zweite Einladung. Brigitte und ich waren bereits nach kurzer Zeit ein Herz und eine Seele; ich nahm also all meinen Mut zusammen und hielt schon bei unserem dritten Zusammensein um ihre Hand an. An ihrem 21. Geburtstag, dem 25. Februar 1947 verlobten wir uns, und schon am 2. Juni folgte die standesamtliche Trauung. Einen Tag darauf, am 3. Juni 1947 wurden wir von unserem gemeinsamen Freund Dr. Schmidt-Clausing in Nikolassee kirchlich getraut. Wie gern wären wir in St. Peter und Paul auf Nikolskoe vor den Altar getreten, doch die kleine Kirche im Wald litt noch arg unter den Schäden, die der Krieg und die Plünderungen angerichtet hatten; sie besaß zu dem Zeitpunkt weder Fenster noch eine spielbare Orgel.
Unseren Trauspruch hatte Dr. Schmidt-Clausing mit glücklicher Hand ausgewählt: Er steht im Apostelbekenntnis aus dem 1. Korintherbrief, Kapitel 15, Vers 10: „Von Gottes Gnade bin ich, was ich bin".

Küster **Robert Bootz**, ca. 1960

Nach der Trauung von Brigitte und Joachim Strauss
am 3. Juni 1947 in Nikolassee

Treffender hätte man meine Einstellung zu meinem Lehen nie ausdrücken können. Am 29. Juni, dem Aposteltag St. Peter und Paul, führte der Potsdamer Superintendent Stolte mich vor den Augen der zahlreich erschienenen Gemeinde offiziell in mein künftiges Amt ein, leider wegen der Verwüstungen immer noch nicht in Nikolskoe, sondern in der Kapelle zu Klein-Glienicke, die unser treu verbundener Küster Robert Bootz festlich geschmückt hatte. Er war schon bei meinem Vorgänger Schmidt-Clausing für die Kirchen in Klein-Glienicke und Nikolskoe zuständig gewesen, die er in den Sommermonaten täglich für die Kirchgänger offen hielt. Später betreute er außerdem unseren riesigen Pfarrgarten, aus dem wir gerade in den entbehrungsreichen Nachkriegsjahren reich ernten konnten. Meine Frau hatte zwei Monate vorher ihre Fachschulausbildung abgeschlossen und war jetzt eigentlich examinierte medizinisch-technische Assistentin. Dennoch beschloss sie, ihren Beruf nicht auszuüben, denn als (zumal sehr junge)

Pfarrfrau wollte sie lieber in ihre neue Rolle in der Gemeinde und als künftige Mutter unserer Kinder hineinwachsen. Ihr ausgeprägtes Einfühlungsvermögen traf schnell auf freudige Aufnahmebereitschaft der Gemeindeglieder und so durften wir uns, gekrönt durch die Geburt unseres ersten Kindes im Herbst des folgenden Jahres, bald mehr und mehr als Familie, auch als große Gemeindefamilie fühlen. Die 120 Plätze unserer kleinen Kapelle waren allsonntäglich wohlgefüllt, mit den Anwohnern unserer Gemeinde, ergänzt durch eine nicht geringe Zahl von Gästen aus der Berliner Vorstadt Potsdams, die an unseren Pfarrbereich angrenzte. Auf der anderen Seite – Richtung Babelsberg – bildete der Teltowkanal die natürliche Grenze. Alles in allem erstreckte sich unser Dienst als Pfarrehepaar auf den Bereich Klein-Glienicke und Sacrow (seit 1871 Filial von Klein-Glienicke wie auch Stolpe, das heutige Wannsee, das bis 1921 zur Parochie Klein-Glienicke gehörte). Sacrow, die Heimat meiner Frau, konnten wir damals über den Potsdam-Sacrower-Uferweg nach Benutzung der Seilfähre noch jederzeit besuchen und in das Gemeindeleben einbeziehen.
Mit Beginn des Sommers strömten wie in den Zeiten vor dem Krieg die Ausflügler und Spaziergänger nach St. Peter und Paul auf Nikolskoe; die Aufgaben des kleinen Gotteshauses wuchsen wieder. Also wurden die großen Fensternischen provisorisch verschlossen und die Orgel durch die Firma Schuke repariert, so dass wir am Heiligen Abend 1948 die alte Tradition der Christvespern auf Nikolskoe wiederbeleben konnten.
Der einzige Weg nach Babelsberg führte über die Glienicker Brücke und der Bereich Neubabelsberg, jenseits des Teltowkanals, lag im sowjetischen Sperrgebiet. Trotz oder gerade wegen der politischen Gegebenheiten entwickelte sich zwischen Klein-Glienicke und der Heiligengeistgemeinde bald eine Kooperation zwischen den zuständigen Pfarrern.
Wir Klein-Glienicker und auch die Bewohner der Berliner Vorstadt in Potsdam genossen zunächst noch den Vorzug, trotz des Grenzverlaufes direkten Zugang zur Königstraße, der Verbindung nach Wannsee, zu haben. Klein-Glienicke war im Krieg völlig unzerstört geblieben, denn mein Vorgänger hatte, entgegen der Forderung der Machthaber, schon zwei Tage vor der Gesamtkapitulation die weiße Fahne hissen lassen und so den Ort als friedfertig gekennzeichnet. Die Zerstörung der „Enver-Pascha-Brücke" (die Brücke, die Klein-Glienicke mit Neubabelsberg verband und über den Teltowkanal führte. Sie wurde in den letzten Kriegstagen 1945 gesprengt, Anm. d. L.) konnte er damals allerdings nicht verhindern, so dass Klein Glienicke nun Teil der Wannsee-Insel war. So idyllisch diese Insellage zuerst auch schien, so belastend wirkten sich hier dann schließlich die

Maßnahmen aus, die am 1. Juni 1952 in Kraft traten: Von diesem Tage an es war gerade Pfingsten – wurde den Bewohnern Westberlins verboten, die Ostzone zu betreten. Die Glienicker Brücke, erst als Notbrücke nach dem Krieg wieder begehbar gemacht und dann nach alten Plänen wiederaufgebaut und „Brücke der Einheit" getauft, wurde plötzlich zur Grenze. Mit der Schließung der Brücke für den Durchgangsverkehr wurde auch ganz Klein-Glienicke unmittelbarer Grenzbereich, durch Stacheldraht von Westberlin abgeschnitten.
An diesem 1. Juni lief auch für mich und mein Amt plötzlich nichts mehr wie üblich: Um 9.00 Uhr war Gottesdienst in Sacrow angesetzt und da ja der direkte Weg mit der Fähre immer offen war, war es bislang kein Problem gewesen, bereits um 10.30 Uhr den Gottesdienst auf Nikolskoe folgen zu lassen. Wie immer stand ich also auch an diesem Morgen an meinem Schreibtisch und packte meine Tasche, um dann los zu radeln. Da sah ich unvermutet ein Arbeitskommando mit geschulterten Spaten am Pfarrhaus vorbei in Richtung Königstraße marschieren.
Überrascht rief ich meine Frau hinzu, erzählte ihr von meinen Beobachtungen und bat sie, Erkundigungen einzuziehen; ich musste ja schließlich zum Dienst. Ich fuhr also mit dem Fahrrad die Mövenstraße entlang zur Glienicker Brücke, um dort nach Sacrow abzubiegen. Auf der Fähre munkelte man schon von „Schipparbeiten" in Sacrow und auch später, auf Nikolskoe, waren die unerklärlichen Bauarbeiten das Hauptgesprächsthema. Wir alle ahnten, dass uns Veränderungen ins Haus standen, hatten aber zu dem Zeitpunkt noch keinerlei realistische Vorstellung davon, wie einschneidend die Maßnahmen in unser aller Leben eingreifen sollten. Doch schon am nächsten Tag, dem 2. Pfingstfeiertag, erhielt ich schlimme Gewissheit: Als ich vom Nachmittagsgottesdienst auf Nikolskoe zurückkehrte, traf ich an der Einmündung zur Mövenstraße auf einen neu eingerichteten Wachposten. Er teilte mir mit, dass vom nächsten Tag an dieser Durchgang wie auch alle anderen Übergangswege zur Königstraße geschlossen seien. Stattdessen müssten wir von nun an eine stündlich verkehrende Fähre zur „Brücke der Einheit" benutzen, um dann dort, über einen Grenz-Kontrollpunkt nach Westberlin zu kommen.
Einschneidend? Ja, wahrhaftig, einschneidend war die Maßnahme, verbunden mit großem Zeitverlust, gebunden an eine stündliche Verkehrszeit. Wir alle, auch ich, mussten umdenken: Auf Nikolskoe richtete ich als erstes feste Sprechzeiten ein für die Ausflügler, die mich ja bisher im Zusammenhang mit Amtshandlungen in St. Peter und Paul im zuständigen Pfarrhaus in Klein-Glienicke hatten

Das Pfarrhaus in Klein-Glienicke, um 1950

aufsuchen können. Jetzt führte für sie von Westberlin aus plötzlich kein Weg mehr zu uns über das Wasser.

Bei dieser bitteren Erkenntnis erinnerte ich mich daran, dass bereits im Jahre 1949 eines Abends zwei Einwohner unseres Ortes, alte Sozialdemokraten, die ich schon seit 1937 kannte, zu uns ins Pfarrhaus gekommen waren. Sie hatten mich damals gebeten, „im Namen zahlreicher Einwohner", wie sie sagten, Verbindung mit dem Zehlendorfer Bezirksbürgermeister aufzunehmen.

Mit Konfirmanden, 1956

Nach der Trauung von Edith und Klaus Dyckerhoff, 1958

Der solle sich dann dafür einsetzen, dass Klein-Glienicke, das ja doch auf der Wannsee-Insel liege, nach Wannsee eingemeindet werde. Ich hatte damals dieses Ansinnen abgelehnt mit der Begründung, dass dies einerseits nicht meine Aufgabe sein könne und dass ich andererseits bemüht sein müsse, unserem gerade gegründeten Staat loyal gegenüberzustehen. Im Übrigen könne diese Anfrage ja auch ein geschickter Test für meine Verlässlichkeit sein, eine Vorstellung, die die beiden natürlich weit von sich wiesen. Dennoch, auch alle weiteren Versuche in ähnlicher Richtung, die später folgten, lehnte ich ab. Nun war es also zu spät, wir waren endgültig abgeschnitten.

Im Jahr 1953 verschärften sich die Veränderungen in beunruhigender Weise. Walter Ulbricht (der damalige Staats- und Parteichef der DDR, Anm. d. L.) begann, die Jugend und ihre Eltern massiv unter Druck zu setzen mit der Forderung, statt an der christlichen Konfirmation oder Kommunion jetzt an der Jugendweihe, einer staatlichen Amtshandlung teilzunehmen. Bis jetzt war niemand in Klein-Glienicke diesen Aufrufen gefolgt, doch eines Tages fragten mich die Konfirmanden, was Jugendweihe sei und bedeute. Ich erklärte es ihnen eingehend und brachte meine Worte schließlich auf den einfachsten Nenner: „Jugendweihe ist Konfirmationsersatz für Atheisten, das heißt, für diejenigen, die nicht an Gott glauben". Mit dieser Aussage habe ich wohl einen Fehdehandschuh geworfen, denn schon in der nächsten Konfirmandenstunde berichteten die Kinder mir, dass der Lehrer in der Schule ihnen gesagt habe, dies sei eine üble Verleumdung. Kurz darauf bekam die Schule einen neuen Direktor mit deutlichen Anweisungen: Er besuchte sehr bald nach Amtsantritt nacheinander alle Konfirmandeneltern in Begleitung einer christlichen Lehrerin und eines Polizisten und führte Gespräche, deren bedrohlicher Tonfall heute, nach mehr als drei Jahrzehnten, kaum noch vorstellbar ist. Würde nämlich, kurz gesagt, weiterhin die Teilnahme an der Jugendweihe abgelehnt, so sei diese Weigerung deutliches Anzeichen für die Staatsfeindschaft der Eltern, eine Illoyalität, die Konsequenzen haben werde. Ich kann angesichts des Zwanges, der auf die Menschen ausgeübt wurde, heute noch stolz darauf sein, dass immerhin die Hälfte der Eltern trotzdem bei ihrer Ablehnung blieb, ja, dass eine Familie mit zwei Kindern aus diesem Grund in den nächsten Tagen sogar die DDR verließ.

Im Frühjahr des nächsten Jahres, in der unmittelbaren Vorbereitungszeit auf die Konfirmation, fuhr ich mit den Jugendlichen nach Berlin. Wir besichtigten zunächst die älteste Kirche der Stadt, die Marienkirche und anschließend den Neubau der Kaiser-Friedrich-Gedächtniskirche als erstes Beispiel für moderne Kirchenarchitektur in Berlin nach dem Krieg. Mein Amtsvorgänger Schmidt-Clausing hatte diesen Bau unter großer Kraftanstrengung bei Verlust seiner Gesundheit geplant, organisiert und durchführen lassen. Nach der Besichtigung sollte es für die Konfirmanden Kaffee in gastlicher Runde geben, und wir nahmen die Einladung sehr gern an. Unser Ausflug nach Berlin und unser enger Kontakt zur Evangelischen Kirche Westberlins blieb natürlich auch dem Schulleiter in Klein-Glienicke nicht verborgen. Er drohte unmissverständlich, mich dafür zur Rechenschaft zu ziehen, dass ich meine Schutzbefohlenen in „staatsfeindlichem Sinne" beeinflusse. Meine Frau und ich hatten inzwischen selbst drei Kinder, zwei von ihnen bereits schulpflichtig, und ich fürchtete ernsthaft, sie seiner Willkür auszuliefern. Ich beschloss daher, ihn aufzusuchen und um ein klärendes Gespräch zu bitten. Dabei erfuhr ich noch einmal aus seinem Munde all die Vorwürfe, die er bereits den Kindern gegenüber gegen mich erhoben hatte. Ich verwahrte mich heftig und forderte Beweise für seine Behauptungen. Er nannte die Konfirmandenfahrt nach Westberlin. Ich versuchte ihm klarzumachen, dass die Planung des Ausfluges durchaus in seinem Sinne hätte sein müssen. Schließlich seien wir zuerst im Ostteil der Stadt gewesen und hätten dort die Marienkirche besucht. Gäbe es in „unserer" Stadthälfte – von der späteren Haupstadt der DDR war damals noch keine Rede – ein neuerbautes Gotteshaus, dann hätten wir sicher dieses als Beispiel für moderne Architektur besichtigt und es dabei bewenden lassen.So aber habe ich mich sehr über die Einladung in die neue Kaiser-Friedrich-Gedächtniskirche gefreut, die zwar in Westberlin liege, deren Bau aber doch immerhin von meinem unmittelbaren Amtsvorgänger begleitet und verantwortet worden war. Von „Westbeeinflussung" der Kinder könne nun wirklich keine Rede sein, es habe wahrlich keinen Grund gegeben, der Einladung nicht zu folgen. Meine Argumentation nutzte nicht all zuviel, vielmehr bekam das Gespräch eine neuerliche Wendung, indem er mich darüber aufklärte, dass er die bislang üblichen Konfirmationen von Klein-Glienicker Kindern in St. Peter und Paul, also auf Westberliner Territorium, künftig als böswillige Provokation ansehen werde. Ich versuchte zwar, ihn davon zu überzeugen, dass mir als Pfarrer keineswegs an einer Provokation, sondern an einem gedeihlichen Neben- beziehungsweise Miteinander im Interesse der Kinder gelegen sei, doch es war umsonst. Ich wusste, dass er jetzt, nach unserer Fahrt nach Westberlin, alles versuchen würde, die bisher stillschweigend geduldete Praxis der gemeinsamen Konfirmation von Kindern aus Ost und West zu verhindern. Also erklärte ich ihm schließlich einlenkend, dass nach einem Beschluss des Gemeindekirchenrates die Klein-Glienicker vom kommenden Jahr an in unserer Kapelle konfirmiert würden. Mit diesem Zugeständnis schien der Fall für mich

Ehepaar Strauss mit Tochte- Renate sowie den Söhnen Jürgen und Michael

zunächst erledigt, doch es häuften sich mehr und mehr die Anzeichen, dass wir mit unserem intensiven Kontakt nach Nikolskoe, nach der endgültigen Abgrenzung zum Westteil, allmählich zu unbequemen Bürgern wurden. In St. Peter und Paul wurden jetzt die Amtshandlungen, Andachten und Gespräche immer mehr! All diese Termine auf „Feindesland" waren – hauptsächlich für meine Person – mit Fahrten per Fähre und Weg über die „Brücke der Einheit" und jeweilige Zollkontrolle verbunden. Ich wurde also sozusagen zur personifizierten Brücke der Einheit und testete so immer wieder die Grenzen des Erlaubten. Also testete man auch mich: Eines Morgens, ganz früh, als unsere Kinder noch schliefen, klingelte es Sturm an unserer Haustür. Meine Frau, die bereits aufgestanden war, ging hin und öffnete. Vor ihr, in der Dämmerung, stand ein junger Mann im Ledermantel, schob schnell den Fuß zwischen die Tür und erzwang sich so den Einlass. Als ich hinzukam und ihn fragte, was das alles bedeute, erklärte er mir sehr nervös, dass er gerade über unseren Gartenzaun – und damit über die Sektorengrenze – geklettert sei. Er sei aus dem Westen und wolle unbedingt zu seiner Mutter in den Osten, habe aber von der DDR keine Einreiseerlaubnis bekommen. Deshalb habe er die Grenze illegal überschritten und brauche nun einen Unterschlupf, bis sich eine Möglichkeit biete, weiterzureisen. Er bat uns, ihn vorübergehend aufzunehmen. Wir antworteten ihm gemeinsam, dass wir keinerlei Notwendigkeit erkennen könnten, seiner Bitte nachzukommen. Er solle doch am besten auf dem gleichen Wege zurückgehen und es noch einmal mit einem Einreiseantrag versuchen. Illegale Versuche seien schließlich auch für seine Mutter eine Belastung.

Daraufhin stürmte er nach der entrüsteten Bemerkung, er habe sich in einem christlichen Pfarrhaus mehr Unterstützung erwartet, wütend aus unserem Haus und verschwand. Unsere Haushälterin folgte ihm in sicherem Abstand und sah, wie er ganz ohne Hektik unsere Straße hinab zum offiziellen Kontrollpunkt schlenderte – wohl kaum, um sich als „Grenzverletzer" zu stellen.

Schon wenige Zeit später folgte die nächste Übung, diesmal beim Zoll an der „Brücke der Einheit": Durch meine regelmäßigen Termine auf Nikolskoe kannten mich die Zöllner natürlich bestens und ließen mich die Grenze im allgemeinen nach flüchtiger Kontrolle meiner Aktentasche und vielleicht einer Zusatzfrage passieren. Ich verließ mich mit der Zeit auf diese Form des Umgangs mit meiner Person und richtete meinen knappen Zeitplan danach aus. An diesem Tag kam ich also von einer Trauung und eilte in Richtung Fähre, denn bereits um 16 Uhr hatte ich „Konfer", wie die Konfirmanden im Zeitalter der Abkürzungen zu sagen pflegten, und gleich im Anschluss daran abends sollte die Zusammen-

kunft des Männerkreises stattfinden. Das Boot stand wie immer schon bereit. Der Posten forderte mich dennoch auf, ihm in die Baracke zu folgen. Ich erklärte ihm, dass ich gerade heute in der Zeitplanung sehr knapp sei, die Fähre stehe zur Abfahrt bereit und ich müsse dringend zu meinen Konfirmanden, die mich in Klein-Glienicke erwarteten. Doch der Posten antwortete nur: „ Wir haben heute Zeit für Sie, kommen Sie bitte!" Ich gab nicht auf und antwortete, ich käme schließlich nicht von einem Spaziergang im Glienicker Park oder mache lustige Ausflüge nach Wannsee; die Brücke liege vielmehr mitten in meinem Dienstbereich, den ich nicht verlassen hätte; infolgedessen sei das alles ein klarer Fall von Dienstbehinderung und ich werde mich bitter beschweren! Nutzlos!
Kommentarlos wurde ich aufgefordert, meine Tasche zu öffnen und auszupacken. Ich musste meinen Mantel öffnen und sämtliche Taschen in Jacke und Hose entleeren. Dann machten sie sich quälend langsam daran, meinen Amtskalender, die Agende und ein paar Hefte, die ich Tags zuvor aus der Stiftungsbuchhandlung mitgebracht hatte, Seite für Seite durchzublättern und verlangten von mir Auskunft über den Inhalt aller meiner Notizzettel. Erst nach fast einer Stunde schienen sie genug zu haben und entließen mich, da natürlich nichts zu beanstanden gewesen war. Ich verabschiedete mich zähneknirschend, nicht ohne die abschließende Bemerkung, ich werde diesen unglaublichen Vorfall meiner Behörde melden und dafür sorgen, dass so was in Zukunft nicht mehr passiere. Ohne eine solche Versicherung werde ich künftig keinen Fuß mehr auf die „Brücke der Einheit" setzen und für die angesetzten Dienste um Vertretung aus Westberlin bitten.
Und dann reagierten wir auf unsere Weise auf mögliche weitere Nötigungen dieser Art: Freunde aus Brackwede, die sich schon früher sehr um unsere Gemeinde bemüht hatten, indem sie Kindergruppen aus Klein-Glienicke für einige Wochen zu sich eingeladen hatten, stellten mir die gerade auf den Markt gekommene „Quickly" zur Verfügung: Das kleine, aber flotte Moped machte mich von einem Augenblick zum anderen unabhängig von der Fähre und ich behielt das letzte Wort.
Etwa einen Monat lang ging alles gut, und ich passierte Tag für Tag die Brücke mit meinem Feuerstuhl. Dann war ihnen eine neue Schikane eingefallen: Plötzlich war es verboten, mit dem Moped über die Brücke bis nach Potsdam zu fahren. Unverdrossen suchten und fanden wir auch diesmal eine Lösung. Ich besorgte mir einen wasserdichten Überzug für das Moped und stationierte es immer auf dem Rückweg in der sicheren Obhut des westlichen Zolls. Fortan fuhr ich also vom Pfarrhaus bis zur Anlegestelle der Fähre und über die Brücke

mit dem Fahrrad zu meinem „Mopedstandort", stieg um, und knatterte weiter Richtung Nikolskoe. Immerhin. So weit, so praktisch!
Nebenbei hatte ich, wie angekündigt, nach meinem Erlebnis beim Zoll Beschwerde beim Konsistorium eingelegt und um unmissverständliche Klärung des Falles gebeten, da ich andernfalls meinen Dienstauftrag nicht mehr erfüllen könne. Zehn Tage später passierte ich zum ersten Mal wieder die Brücke, und siehe da, ich wurde nicht wieder aufgehalten, nie wieder, bis 1961. Eher im Gegenteil, man hielt mir in Zukunft oft schon den Schlagbaum auf, wenn ich von ferne herankam. Mir war, als gebe es ein unausgesprochenes Vertrauen zwischen den Zöllnern und mir, einen stillen Pakt, den auch ich einzuhalten beschloss. Diese kompromissbereite Haltung gefiel zwar manchen Jugendlichen wie meinen Kindern nicht immer, doch für mich stand fest, dass ich den schmalen Grat zwischen Vertrauen und Misstrauen durch absolute Vertrauenswürdigkeit meinerseits überbrücken würde.
Mein unübersehbares Eintreten für ein lebendiges, grenzüberschreitendes Gemeindeleben missfiel nicht nur der Obrigkeit. Es gab auch unter den Glienicker Mitbürgern solche, denen meine ständigen West-Kontakte, besonders eben auch die dienstlichen, missfielen. Man erkannte, dass um meine Familie herum die Gemeindefamilie immer enger zusammenrückte, aus der Gemeinsamkeit große Kraft schöpfte und ihren Einfluss bis in die Berliner Vorstadt in Potsdam ausdehnte. Deshalb versuchte manch einer auf seine Weise, meiner Familie und mit ihr den Gliedern der Gemeinde, das Leben in Glienicke zu erschweren. Der Einfallsreichtum unserer Kontrahenten trieb dabei zum Teil erstaunliche Blüten, wie ein Beispiel eines Tages zeigte: Die ganze Familie hatte sich gerade vollzählig zum gemeinsamen Mittagessen versammelt (übrigens eine Sitte, die wir zum Wohle unseres inneren Zusammenhaltes eifrig und mit Nachdruck pflegten), klingelte, wie leider manchmal zu dieser unbotmäßigen Zeit, das Telefon. Am anderen Ende der Leitung meldete sich unvermutet der Potsdamer Stadtrat für Inneres und begrüßte mich mit der etwas geheimnisvollen Andeutung, es sei gut, dass er mich doch gleich angetroffen habe. Er müsse mich in dringender Angelegenheit sofort sprechen. Ich verabschiedete mich mit dem Hinweis, dass ich hoffe, bis zu seinem Eintreffen wenigstens meine Mahlzeit beenden zu können, legte auf und kehrte zum Tisch zurück. Schon eine knappe halbe Stunde später klingelte es wieder, diesmal an der Haustür. Ich war, gelinde gesagt, erstaunt, als der Stadtrat mir in Begleitung von vier Grenzoffizieren, bewaffnet mit Fotoutensilien, gegenüberstand. Noch ehe ich die Herren hereinbitten konnte, fiel man mir ins Wort und forderte mich auf, den Schlüssel zur Kapelle zu holen

Während eines Gottesdienstes auf Nikolskoe, um 1955

und dorthin mitzukommen. Immer noch überrascht, marschierte ich also begleitet, nein, besser eingerahmt, von den fünf Herren, die Straße hinunter, bestaunt von einigen Einwohnern und den Bewohnern des Feierabendheimes am Rande unseres Weges. Ich öffnete zunächst die Tür zur Kapelle, wurde jedoch dann ganz direkt nach dem Keller gefragt. Also gingen wir gemeinsam um die Kapelle herum, und ich schloss den Heizungskeller, vor Beerdigungen gleichzeitig unser Leichenkeller, auf. Angesichts des gerade dort aufgebahrten Sarges blickte ich in etwas verwunderte Gesichter und als der Stadtrat, offensichtlich enttäuscht, fragte: „Ist das alles?", antwortete ich lakonisch: „Ja, leider". Die Grenzoffiziere schienen noch nicht ganz überzeugt zu sein, denn sie begannen, alle Wände nach Hohlräumen abzuklopfen, natürlich völlig ergebnislos. Der Rat der Stadt war schlicht und einfach der „Ente" eines Denunzianten auf den Leim gegangen! Mir blieb nur, abzuwinken und kopfschüttelnd mein Bedauern über die beiderseits verschwendete Zeit auszudrücken.
Allerdings konnte ich mir im Nachhinein die Zusammenhänge der Geschichte einigermaßen zusammenreimen. Schon seit langem kursierte nämlich das Märchen, dass zwischen dem Jagdschloss Klein-Glienicke jenseits der Grenze und dem Reitstall in der Nähe der Kapelle ein unterirdischer Gang existiere! Er wurde jedoch nie gefunden, auch nicht beim Abriss des Stalles.
Hatte man also die Kapelle mit dem Reitstall verwechselt? Wollte man einer konspirativen Gemeinschaft hüben und drüben auf die Spur kommen? Ich weiß es nicht. Sicher scheint nur, dass man wieder einmal versucht hatte, mich und die Meinen in unrühmliche Zusammenhänge zu verwickeln. Noch heute allerdings überfällt mich manchmal ein erschreckender Gedanke: Was wäre passiert, wenn man damals bei der Untersuchung tatsächlich Spuren eines Fluchtweges, der auf die andere Seite der Mauer führte, gefunden hätte? Tatsache ist, man misstraute mir. Und beobachtete mich gründlich!
Ich erfuhr von manchen weitergehenden Aktivitäten gegen meine Person und mein Amt, denn nicht immer funktionierte der ausgeklügelte Überwachungsapparat: Eines Abends besuchte uns unangemeldet ein etwa 40–45-jähriger Mann und bat um ein Gespräch unter vier Augen. Er erzählte mir, dass seine Dienststelle ihn beauftragt habe, alle zwei Wochen meine Predigt „abzuhören". Er wolle mich warnen und verrate mir seine Aufgabe, weil er mir auf keinen Fall Schwierigkeiten bereiten wolle. Ich könne also ohne Bedenken weiterhin alles sagen, was ich für richtig hielte. Er werde niemals prekäre Äußerungen, auch staatsfeindliche, weiter melden. Ich bedankte mich zwar für seine Offenheit,

gab ihm aber dennoch zu verstehen, dass ich keineswegs endgültig von seiner Loyalität überzeugt sei. Schließlich bestehe immer und überall die Möglichkeit eines doppelten Spiels, einer gezielten Provokation. Ich sagte ihm das – und schloss es im gleichen Atemzug wieder aus, denn natürlich wollte ich viel lieber an seine Ehrlichkeit glauben als immer und immer wieder zu misstrauen. Gleichzeitig erklärte ich ihm allerdings auch, dass ich sehr wohl wisse, dass des öfteren verdächtige Gäste im Gottesdienst seien. Das habe mich in der Vergangenheit nicht gehindert und werde mich auch in Zukunft nicht abhalten, meine Botschaft von der im Opfer Jesu Christi durch Kreuzestod und Auferstehung offenbarten Liebe Gottes zu uns Menschen allen zu verkünden.
Dass dabei so manches Mal auch harsche Kritik am menschlichen Verhalten in meiner Umwelt in die Predigten einfloss, war mir durchaus bewusst, im Gegenteil, ich hatte schon mehrmals bewusst in Kauf genommen, dass mich der Superintendent „im Auftrag" des Oberbürgermeisters der „unerlaubten politischen Einmischung" bezichtigte.
So hatte man in Potsdam zum Beispiel ein Transparent, mit der Aufschrift aufgehängt: „Der Marxismus ist allmächtig, weil er wahr ist." Das war für mich Vergötzung, hier machte sich eine Ideologie den Begriff der Religion zunutze. Wie hatte Marx doch geschrieben? „Religion ist Opium des Volkes". Doch der Glaube an Jesus Christus ist nicht Religion, sondern Gottes Antwort auf alles religiöse Suchen und Fragen nach Gott. Und Allmacht, Allmacht ist ein religiöser Begriff.
Mit diesen Worten zitierte ich meinem Besucher den Beginn meiner Predigt vom Sonntag zuvor – und verabschiedete ihn dann. Ich begegnete ihm wieder, regelmäßig jeden zweiten Sonntag, fast vier Monate hindurch. Er war wohl einer der aufmerksamsten Zuhörer in meinen Gottesdiensten. Eines Sonntagmorgens, unmittelbar vor dem Gottesdienst, passte er mich dann in der Sakristei ab, reichte mir die Hand zum Abschied und bedankte sich herzlich für die gemeinsam verbrachten Stunden in der Kirche. Heute könne er leider nicht bleiben, seine Zeit ließe das jetzt und künftig nicht mehr zu. Doch ein Nachfolger an seiner Stelle komme sicher. An diesem Sonntag saß also ein anderes Gemeindeglied auf seinem Platz. Während der gesamten Predigt wanderte mein Blick immer wieder in seine Richtung. Am Ausgang deutete ich ihm, einem langjährigen, treuen Gottesdienstbesucher, die näheren Umstände in Verbindung mit seinem Sitzplatz an. Er verstand sofort und erzählte mir, dass ihm der zunächst Unbekannte ebenfalls aufgefallen sei und er sich so manches Mal Notizen über ihn gemacht

habe. Zwei Wochen später leitete ich meine Predigt mit dem Hinweis ein, ich könne mir aus Erfahrung denken, dass jemand in unserer Mitte sei, der nicht aus freien Stücken zum Gottesdienst käme. Falls der oder die Betreffende irgendetwas nicht ganz oder nicht ganz richtig verstanden habe, so stehe ich gern für etwaige Rückfragen zur Verfügung, um Missverständnisse noch vor der Berichterstattung auszuräumen. Doch niemand kam.

Außer dieser vergleichsweise verdeckten Beschattung gab es natürlich auch weit direktere Methoden. Das sollten wir kurze Zeit später zu spüren bekommen: Es war am Abend, fast schon 22 Uhr, da klingelte es Sturm an unserer Haustür. Für einen Gemeindebesuch doch eine etwas ungewöhnliche Zeit, fand ich, doch ich öffnete trotzdem. Vor mir stand ein Mitbürger, den ich nicht allzu gut kannte (und der heute nicht mehr lebt). Er wirkte sehr nervös und unruhig, auf dem Weg in mein Arbeitszimmer hetzte sein Blick immer wieder nach allen Seiten und immer wieder vergewisserte er sich ängstlich, ob wir auch ganz unter uns seien. Nachdem ich ihn endlich überzeugt hatte, rückte er ganz dicht an mich heran und flüsterte mir beinahe ins Ohr: „Herr Pfarrer, Sie werden heute Nacht abgeholt. Ich weiß es ganz genau, bitte, ziehen Sie sofort Konsequenzen. Was haben Ihre Familie und die Gemeinde davon, wenn Sie verschwinden? Und genau das wird passieren!" Ich war zunächst sprachlos, wusste aber aus mancherlei Gesprächen allzu gut, dass dies kein leeres Gerede sein musste. Noch ehe ich überhaupt antworten konnte, verließ mich mein Gast mit den warnenden Worten: „Überlegen Sie nicht zu lange, handeln Sie, ehe es zu spät ist". Ich rief ihm, noch verwirrt, hinterher: „Ich bin mir keiner Schuld bewusst, ich kann und werde auch die Gemeinde, die mich und meine Frau hierher gewählt hat, nicht verlassen. Gott behüte Sie, gute Nacht!" Meine Frau merkte natürlich sofort, dass mir etwas Außergewöhnliches widerfahren war; gemeinsam zogen wir uns zur Beratung ins Wohnzimmer zurück.

An diesem Abend fielen uns all die Mitmenschen aus Potsdam und auch aus unserem Gemeindebereich ein, die um die Zeit der Gründung der Deutschen Demokratischen Republik über Nacht verschwunden waren und nie wieder auftauchten. Doch irgendwann hatten wir uns müde geredet, alle Ideen, Fluchtgedanken, Erklärungsversuche und Pläne drehten sich im Kreis, Lösungen waren nicht in Sicht. Also beschlossen wir schließlich gegen Mitternacht abzuwarten. Wir befahlen unser Schicksal gemeinsam in Gottes Hand, kamen darüber endlich wieder zur Ruhe und legten uns zu Bett.

Schon bald atmete meine Frau neben mir tief und regelmäßig, und auch ich schlief ein. Wie erstaunt waren wir am nächsten Morgen, als wir durch das

gewohnte Geräusch des Weckers aufwachten! Kein stürmisches Klingeln an der Haustür mitten in der Nacht! Hatte ich etwa meine eigene Deportation verschlafen? Sicher nicht! Eine böswillige Finte also! Wir dankten Gott bei unserer Morgenandacht von Herzen dafür, dass er uns vor übereilter Unachtsamkeit bewahrt hatte und uns den friedlichen Schlaf des Vertrauens in ihn geschenkt hatte.
Doch wir hatten uns wieder einmal zu früh gefreut. Wenn wir gemeint hatten, dass dieses Erlebnis der Höhepunkt der Zermürbungstaktik gewesen sei, so wurden wir schon bald eines Besseren belehrt: Nach nur acht Tagen, wieder spät am Abend, klingelte es heftig und durchdringend. Wir waren bereits auf dem Weg ins Bett, ausnahmsweise etwas früher als sonst, weil keine abendlichen Veranstaltungen angesetzt waren. Als ich öffnete, stand vor mir unsere kirchliche Gemeindeschwester Käthe, sehr blass und völlig außer sich. Kaum fähig, ein Wort hervorzubringen, stammelte sie: „Lieber Herr Pfarrer..." Schon an dieser Stelle unterbrach ich sie und fragte sarkastisch: „Na, kommen Sie auch, um uns liebevoll zu warnen, weil ich heute Nacht abgeholt werden soll?" Nunmehr gänzlich sprachlos, weiteten sich ihre Augen, und sie brach in Tränen aus, überrannt von der Erregung, die sie zu uns getrieben hatte. Mir reichte dieses Bild der Verzweiflung als Antwort vollkommen. Ich bat sie einfach in unser Wohnzimmer, in das inzwischen auch meine Frau gekommen war. Erst tranken wir zusammen einen Beruhigungsschnaps und dann erzählte ich ihr von dem Besuch vor gut einer Woche, der uns damals natürlich in helle Aufregung versetzt habe. Völlig irritiert, versicherte sie nochmals hoch und heilig, sie habe ihr Wissen von einem sehr wohlwollenden Mitglied der Gemeinde. Eben noch, kurz bevor sie zu uns gekommen war, sei er bei ihr gewesen, mit der Bitte, uns zu warnen. Niemand habe schließlich etwas davon, so waren seine Worte gewesen, wenn ich eingesperrt würde. Wir alle sollten doch bedenken, dass seit Anfang 1950 zum Beispiel die führenden Mitglieder der CDU, an ihrer Spitze Staatssekretär Dr. Dr. Brandt aus Sacrow, verschwunden seien. Trotz ihrer Ängste versicherte ich ihr, dass ich der festen Überzeugung sei, dass wir keinerlei nächtlichen Besuch zu erwarten hätten. Dann brachten wir Schwester Käthe gemeinsam nach Hause und gingen entschlossen zu Bett. Bei aller Überzeugung jedoch, so muss ich zugeben, lauerte im Unterbewusstsein doch eine gewisse Unruhe, denn es erschien mir schon recht unverständlich, dass die Obrigkeit ein solches Risiko der blamablen Blöße eingehen sollte, für nichts und wieder nichts. Andererseits, so sage ich mir heute, hatten wir unsere Erlebnisse stets für uns behalten und die andere Seite nie öffentlich provoziert, so dass sie ihr Gesicht wahren konnte, ohne wirklich gegen mich tätig zu werden.

Sie ließen uns also insoweit in Ruhe, doch es gab genügend andere Möglichkeiten, dem Ungeliebten das Leben schwer zu machen. Wozu gab es zum Beispiel Telefone? Es mag ja sein, dass dieses Kommunikationsmittel eigentlich zur besseren und schnelleren Unterrichtung und Verständigung gedacht ist, doch leider versetzt es Menschen auch in die Lage – vor allem, wenn Ablehnung und Hass sie beherrschen – das Nutzbringende in sein Gegenteil zu verkehren: Kurz nach der zweiten Attacke gegen unsere Sicherheit, klingelte nachts um zwei Uhr plötzlich unser Telefon und riss uns aus tiefstem Schlaf. Wir schossen beide aus den Betten hoch, meine Frau in der erschrockenen Annahme, nun doch die Türklingel gehört zu haben. Ich hingegen wusste sofort, dass es das Telefon war und ging ins Arbeitszimmer, nahm den Hörer ab und meldete mich. Am anderen Ende der Leitung vernahm ich laute Musik und Stimmengewirr im Hintergrund, sonst nichts. Niemand meldete sich. Ich legte wieder auf, wartete noch eine Zeitlang in der Nähe des Apparates, doch der Anruf wiederholte sich nicht.
Erst zwei Nächte später, diesmal gegen 2.30 Uhr, dasselbe; diesmal meldete sich allerdings eine sehr freundliche Stimme mit „Wir haben Sie doch nicht etwa in Ihrem wohlverdienten Schlaf gestört?"; im Hintergrund wieder laute Musik. Auf meine Frage, wie der Anrufer darauf komme, dass wir noch wach seien, kam die Antwort: „Sie arbeiten doch gerne nachts. Das wissen doch hier alle." Dann wurde aufgelegt. Die nächsten beiden Nächte waren wieder ruhig, erst in der dritten Nacht, um 3.00 Uhr, meldeten sie sich wieder. Ich hatte mir eigentlich vorgenommen, es klingeln zu lassen, doch als ich sah, dass meine Frau noch nichts gehört hatte, sprang ich schnell aus dem Bett, hob den Hörer kurz an, und ließ ihn wieder auf die Gabel fallen. Dann rief ich entschlossen die Störungsstelle an, schilderte, was sich ereignete und bekam die Zusage, dass man unseren Anschluss in den nächsten Nächten überwachen werde. Danach wurde unsere Nachtruhe nie wieder gestört und niemand war darüber mehr froh als wir!
In dieser Zeit nahmen die Amtshandlungen auf Nikolskoe immer weiter zu. Es gab jetzt Wochen, in denen ich täglich hin- und herfuhr, um die Dienste in St. Peter und Paul verrichten zu können. Um mich endgültig unabhängig von der stündlichen Fährverbindung bewegen zu können, wurde mit finanzieller Unterstützung durch unseren späteren Bischof D. Kurt Scharf ein Motorboot angeschafft, und ich wurde zu meinem eigenen Fährmann. Vom Potsdamer Ruderclub erhielt ich die Erlaubnis, an den vereinseigenen Anlegestellen vor Anker zu gehen, wenn ich den Weg über die Brücke antrat. Ich war jetzt endlich beweglich, in des Wortes echter Bedeutung. Und auch manchem Glienicker, dem die Fähre vor der Nase weggefahren war, konnte nun geholfen werden. Alles in allem hatte

Mit den Söhnen Jürgen und Michael im Motorboot „Arnie", 1960

sich im Laufe der Zeit vieles etwas eingespielt, so dass ich sogar mit dem Boot direkt nach Sacrow fahren konnte und dort an der Kirche anlegte. Geradewegs nach Nikolskoe überzusetzen, blieb jedoch verboten, denn der einzige Weg nach „Westen" führte wie bisher nur über den Kontrollpunkt der Glienicker Brücke.
Und dann kamen sie, die Tage, die das „totale Aus" für mich und meine grenzüberschreitenden Amtsaufgaben brachten, und gleichzeitig das Ende der traditionellen Parochie einleiteten: Ab dem 29. Juli 1961 hatte ich Urlaub beantragt; die letzte Woche davor war voll von täglichen Diensten auf Nikolskoe. Am Freitag vor Urlaubsbeginn stand noch eine Taufe auf dem Dienstplan und anschließend der Empfang einer Delegation der Koptischen Kirche aus Addis Abbeba unter Führung des dortigen Metropoliten. Nach dem offiziellen Programm saßen wir noch in gemütlicher Runde bei angeregtem Gespräch im Blockhaus beisammen. Ich verabschiedete mich schließlich bei Anbruch der Dunkelheit, denn ich hatte mit meinem Boot rechtzeitig vor Ort zu sein. Mit mir nahm ich die mündliche Einladung des Metropoliten zu einem Gegenbesuch in Afrika. Ich ahnte zu diesem Zeitpunkt nicht, dass diese Heimfahrt in der Dämmerung meine letzte Reise auf dieser Route für die nächsten 27 Jahre sein würde; bis zum heutigen Tag, an dem ich diese Erinnerungen niederschreibe, ist sie gesperrt, ist der Name der verbindenden Brücke unser aller Wunschtraum.
Meine Familie und ich fuhren jedoch zunächst an unser vertrautes Urlaubsziel,

nach Masserberg (am Rennsteig in Thüringen, Anm. d. L.). Aber selbst hier, weit ab, gelang es nicht, die Augen vor den offensichtlichen Entwicklungen im Lande zu verschließen. Die beinahe täglich steigende Zahl derer, die nach Berlin-Aufenthalten nicht in die DDR zurückkehrten, nahm bedrohliche Ausmaße an. Für jeden Menschen, der nachdachte – und das taten wir in den Mußestunden des Urlaubes in verstärktem Maße – musste deutlich werden, dass es so nicht weitergehen konnte. Doch was also sollte, konnte und musste geschehen? Die nahe liegende Lösung schien allmählich die vollkommene Sperrung der vorhandenen Grenzen zu sein. Hatte nicht Ulbricht selbst alle Gerüchte um einen geplanten Mauerbau als törichten Unsinn hingestellt? Und doch geschah vor unseren Augen das Undenkbare, man errichtete eine veritable Mauer, anstatt im Gespräch nach Auswegen mit Mitteln einer Politik zu suchen, das heutzutage zwischen den beiden deutschen Staaten zur Selbstverständlichkeit geworden ist.
Der 13. August 1961 verpasste der Kirchengemeinde Neubabelsberg einen Schnitt mitten durch ihr Herz. Die Bewohner sahen sich von einem Tag zum anderen ihrer Gemeindekirche beraubt und verloren teilweise ihre Arbeitsplätze, denn seit Kriegsende war es für viele einfacher und bequemer gewesen, mit dem Fahrrad nach Wannsee zu fahren als über die Notbrücke nach Potsdam oder Babelsberg zu gelangen. Die Klein-Glienicker Gemeinde war einfach ratlos. Hinzu kam, dass all die Einwohner, die bislang in Wannsee ihr Brot verdient hatten, plötzlich als „Schmarotzer" verfemt wurden, „die ihre Arbeitskraft gegen Westgeld verkauft hätten". Binnen Stunden wurden sie auf Befehl der sogenannten „Sicherheitsaktive", die es nun überall in Grenzgebieten gab, ausquartiert.
Wir brachen unseren Urlaub umgehend ab. Fernsprechverbindungen nach Hause gab es nicht mehr, und wir kehrten in eine Gemeinde zurück, in der große Verwirrung herrschte. Sie gehörte nun zum Sperrgebiet, in das man nur als Einwohner nach Vorzeigen des Ausweises oder mit einem besonderen Passierschein gelangen konnte. Mehrere Klein-Glienicker, die von der Arbeit heimkehrten, sich wunderten, dass sie sich plötzlich ausweisen sollten und darüber murrten, wurden für Wochen eingesperrt.
Wohin wir auch sahen, der Ort war nicht wieder zu erkennen. Uns war, als sei der zur Hitlerzeit entstandene „deutsche Blick" wiedergeboren worden. Niemand mochte mit Niemandem auf der Straße sprechen. Überall herrschte wieder diese furchtbar furchtsame Atmosphäre. Es ist heute einfach nicht mehr zu begreifen oder zu beschreiben, was damals hier an der Grenze möglich war und geschah.

Tatsache blieb jedoch, dass an jenem denkwürdigen Tage unsere Kirchengemeinde auseinanderbrach. Jeder dachte nur noch eins: „Raus hier aus diesem Gefängnis!" Und genau das war es geworden. Primitivste Lebensrechte, wie der persönliche Kontakt mit nächsten Verwandten oder Freunden wurden auf das Nötigste beschränkt oder gar nicht mehr ermöglicht. Gleich uns gab es einige Familien, die nur Westverwandte hatten oder deren Angehörige nicht ersten Grades waren. Wir verloren so das Recht, Verwandtenbesuch zu empfangen und konnten uns allenfalls außerhalb des Ortes in Restaurants treffen. Allmählich fielen daraufhin viele Gemeindeglieder in einen psycho-physischen Zustand, den ich bei einer Einwohnerversammlung, an der wir als Gemeinde in großer Zahl teilnahmen, als „Mauerkrankheit" bezeichnete. Dafür wurde ich, trotz des Beifalls von allen Seiten, von einigen Funktionären sehr scharf angegriffen. Ich hielt ihnen entgegen, dass mehrere behandelnde Ärzte diesen Begriff ebenfalls benutzt hatten, um die Symptome ihrer Patienten zu beschreiben. Als Beweis führte ich die Geschichte einer Funktionärsfamilie aus dem unmittelbaren Grenzbereich an: Das Familienoberhaupt hatte noch Ende August eine Reihe von „verantwortungstragenden Einwohnern, unter ihnen auch ich, zu sich zu einem Gespräch geladen. Er teilte uns mit, dass es sicher sei, dass die Grenzsituation für uns Glienicker bald behoben sein würde. (Vermutlich meinte er, dass Berlin bald ganz zur DDR gehören würde) Doch während er uns so zum Durchhalten aufrief, konnte seine eigene Familie die verschärfte Grenzsituation schon bald nicht mehr ertragen: Nach zwei Jahren durften sie den Ort verlassen! Auch so etwas war also möglich.

Meine persönliche Entwicklung und die der kirchlichen Arbeit an der Grenze wurde 1967 in neue Bahnen gelenkt, leider durch ein besonders schmerzliches Ereignis: Völlig unerwartet wurde im Mai des Jahres unser Superintendent Stolte aus diesem Leben abgerufen, nur ein Jahr vor seinem sehnlich erwarteten Ruhestand, für den schon ein kleiner Ruhesitz am Stadtrand bereitstand. Drei Tage vor seinem Tode hatten wir uns noch einmal zu einem eingehenden Gespräch über den bevorstehenden Konvent zusammengefunden. Bereits drei Jahre vorher war ich nämlich von der Kreissynode zu seinem Stellvertreter gewählt worden. Bis 1961 hatte ich jegliche Übernahme eines übergemeindlichen Amtes wegen meiner umfangreichen gemeindlichen Aufgaben hüben und drüben abgelehnt. Als ich jedoch mit dem Mauerbau meinen Hauptwirkungskreis verlor, übernahm ich eine Pfarrstelle an der Friedrichskirche in Babelsberg und stellte mich zudem für übergemeindliche Aufgaben zur Verfügung. In diesem

Gespräch also klagte Superintendent Stolte auch darüber, wie sehr ihn die Last seines Amtes drücke. Er regte an, man solle sich Gedanken darüber machen, inwieweit wir eine Aufgabenteilung in erlaubtem Maße vornehmen könnten. Der unmittelbar folgende Konvent brachte wieder einmal, wie befürchtet, all die starken Spannungen, auch die politischen Unterschiede und Gegensätze, zutage. In der folgenden Nacht versagte dann sein überlastetes Herz... Überall, auch beim Rat der Stadt Potsdam, herrschte Betroffenheit. Bei künftigen Treffen mit der Administration war nun ich der Gesprächspartner, anstelle des Superintendenten, meistens des Stadtrates für innere Angelegenheiten. Schon bei den ersten Begegnungen registrierte ich seine gewisse Aufgeschlossenheit für die Anliegen der Kirche und eines Tages war schließlich die Breitschaft da, sich zu einem klärenden Gespräch grundsätzlicher Art zusammenzusetzen.
Über dieses Treffen existiert kein Protokoll, denn es diente einzig einer allgemeinen Standortbestimmung beider Seiten. Ich erinnere mich heute auch nicht mehr genau an die Namen der Teilnehmer, weiß nur noch, dass wir jeweils sechs Vertreter des Rates und sechs Amtsbrüder waren. Wir trafen uns auf „neutralem Boden", im Kulturhaus „Hans Marchwitza" (das ehemalige Rathaus von Potsdam, heute „Altes Rathaus", Anm. d. L.), in der dortigen Grillbar, und saßen fast vier Stunden zusammen. Unser Ziel war es, Land urbar zu machen, für eine gemeinsame Grundlage einer Zusammenarbeit zum Wohle der Bürger, die zu einem nicht geringen Teil gleichzeitig auch Glieder der Kirche waren. Im Rahmen der versuchten Annäherung mussten wir sehr tief graben, bis weit in die Geschichte zurückgehen. Wir Kirchenvertreter bekannten manche Versäumnisse der Kirche und mancherlei Fehlentwicklungen. Dazu gehörte auch das Eingeständnis schlechter historischer Vorbilder im Verhalten der Kirchen, Vorbilder, die allerdings zum Teil schon zu einschneidenden Reformentwicklungen innerhalb der Gesamtkirche geführt hatten. Wir diskutierten in diesem Sinne die Hexenprozesse, Methoden der Gegenreformation, Maximen wie „Der Zweck heiligt die Mittel" und vieles andere, bis hin zum Versagen der kirchlichen Aufgaben mit Beginn der technischen Entwicklung und dem Entstehen des Proletariats im vorigen Jahrhundert. All das, was wir heutzutage verwerfen, ist irgendwann einmal von Vertretern der Kirche in Einzel- oder Gruppenverhalten praktiziert worden. Doch, und damit schloss sich der Gedankenkreis und wir kehrten in die Gegenwart zurück wie die Kirchen nach dem Krieg intern gelernt hätten, aufeinander zuzugehen, anstatt sich ständig gegeneinander zu wenden, so sollten auch wir als Bewohner der Stadt versuchen, aus der Vergangenheit zu lernen,

Friedrichskirche in Babelsberg

begangene Fehler zu erkennen und sie möglichst in Zukunft zu vermeiden. Wir alle sollten demnach bereit sein, einander Vertrauen entgegenzubringen und das Misstrauen abzubauen. Unklarheiten, Unsicherheiten und Berührungsängsten solle besser offen und sofort auf den Grund gegangen werden.
Schon damals waren wir uns einig: Nur ein Dialog würde Hilfe und Vorteile für beide Seiten und damit das Beste für die Stadt erbringen, nicht aber der stete Versuch, den anderen als Gegner zu betrachten. Es hatte zwar schon vorher manchmal Zusammenkünfte zwischen dem Rat der Stadt und den Vertretern der Kirche gegeben, doch hatten diese immer lediglich der gegenseitigen Zuteilung von Schuldzuweisungen gedient. So war auch in Potsdam der Rahmen vorgegeben gewesen, der ganz im Sinne sozialistischer Politik das eine Leitmotiv formulierte: „Kirche an sich ist von Übel und muss in ihrer Wirksamkeit so weit wie möglich eingeschränkt werden!" Nicht zuletzt durch Grundlagengespräche wie unseres in der Grillbar schienen nun die Fronten langsam zu bröckeln, zumal

Heilandskirche in Sacrow

gerade hier in und um Potsdam die Kirche unübersehbar in der Betreuung von Behinderten, Alten und Schwachen engagiert war. Der praktische „Anschauungsunterricht" über Sinn und Zweck kirchlicher Arbeit erzeugte so nach und nach einen Wandel in der Haltung der Politiker, so dass schließlich im Republikmaßstab zum 6. März 1978 eine echte Gesprächsbegegnung zwischen Staat und Kirche zustande kam. Die Keime dieser Annäherung waren hier in Potsdam bereits rund zehn Jahre früher gepflanzt worden...

Vor dem Hintergrund dieses langwierigen Prozesses muss heute auch das Schicksal von Sacrow, seit 1870 Filialort der Parochie Klein-Glienicke/Neubabelsberg, und seiner Heilandskirche am Havelufer gesehen werden: Bis zum Bau der Mauer hatte ich jederzeit unmittelbar dorthin gelangen können; dann war der Weg versperrt und uns blieb theoretisch nur der 21 Kilometer lange Umweg über Nedlitz-Krampnitz.

Damals, im September 1961, hatten jedoch Stadtrat und Kirchengemeinde noch spontan versucht, dennoch eine Lösung zu finden und einen Durchgang zur Heilandskirche – direkt auf der Grenzlinie – offen zuhalten. Aus diesem Grunde fuhr ich gemeinsam mit dem Potsdamer Stadtrat für Inneres nach Sacrow und konnte erreichen, dass ein schmaler Pfad zwischen den Linien als Zugang zur Kirche markiert wurde.

Auf diesem Wege sollten wir nun zweimal im Monat in Begleitung von Grenzsoldaten das Gotteshaus betreten dürfen. Doch diese erste Regelung endete bereits am Heiligen Abend des gleichen Jahres mit einer letzten Christvesper. Kurz danach passierte nämlich etwas Schreckliches: Mitte Januar 1962 rief mich der Kommandeur der Grenztruppe in Groß-Glienicke an und teilte mir mit, dass Banditen die Kirchentür aufgebrochen und den Innenraum vollkommen verwüstet hätten. Selbst ansehen könne ich mir die Schäden allerdings nicht. Meinen Aufschrei des Entsetzens beantwortete er mit der Frage, ob ich irgendwelche Verdachtsmomente äußern könne. Darauf gab es nur eine Antwort: „Nur ihre Soldaten allein haben Zutritt zu diesem Bereich und damit zur Kirche, dort im Niemandsland, genau auf der Grenze." Er gab zurück: „Zugang zur Kirche haben wir eben nicht, im Gegenteil, bitte geben Sie uns die Schlüssel, die Kirche können Sie sowieso nicht mehr benutzen..."
Der Rat der Stadt Potsdam stellte uns daraufhin die erst vor wenigen Jahren erbaute Sacrower Friedhofskapelle für unsere Gottesdienste zur Verfügung. Dort feierten wir von nun an einmal im Monat mit der Hausgemeinde unseres Feierabendheimes, einer Sacrower Einrichtung, die ich 1946, gleich nach meiner Rückkehr aus der Gefangenschaft, auf Bitte der leitenden Schwester in Dienst genommen hatte.
Obwohl wir uns also den Umständen beugten, unternahm ich in den Jahren nach 1962 immer wieder Vorstöße, die Schäden an der Heilandskirche selbst sichten zu dürfen. Endlich, 1964, wurde mir erlaubt an der Seite von Grenzpolizisten die Kirche zu betreten. Nie hätte ich einen derartigen Vandalismus in unserem Kulturkreis für möglich gehalten! Ich war zutiefst entsetzt über das Ausmaß der Zerstörung und des Verfalls. Wiederum einige Jahre später, konnte dann auch eine Mitarbeiterin des Amtes für Denkmalpflege Aufnahmen vom Zustand des Gotteshauses machen.
Das Bild, das sich ihren Augen bot, war noch um einiges schlimmer als jenes, das ich in Erinnerung hatte. Im Krieg, beim Angriff auf Potsdam, war die Kirche durch eine Minenexplosion teilweise zerstört worden. Die Gemeinde hatte nach Kriegsende begonnen, mit Unterstützung von Hilfswerken die Schäden zu beseitigen. Die Wiederherstellung des ursprünglichen Zustandes war fast abgeschlossen, als der 13. August 1961 allen Bauarbeiten ein jähes Ende bereitete. So klaffte weiterhin ein etwa drei Meter breites Loch im Dach, eine Schwachstelle, an der fortan Wind und Wetter ihr freies Spiel übten und damit den Verfall des Bauwerkes massiv vorangetrieben hatten. Im Laufe der Jahre wurden die Schäden immer offensichtlicher Die Westberliner, die auf den Havelschiffen Tag

Im Ruhestand Rückkehr nach Nikolskoe, 1977

für Tag an der Kirche vorbeifuhren, registrierten verärgert den sich immer mehr verschlechternden Zustand dieses Kleinods am Wasser. Wenige Tage nach dem denkwürdigen Grundsatzgespräch in der Grillbar erhielt ich von Westberliner Freunden ein großformatiges Foto der Heilandskirche, abgebildet im „Tagesspiegel". Ich schickte es weiter an unseren Stadtrat für Inneres, um die Anteilnahme Westberlins am Ergehen der Kirche auf der Grenze zu verdeutlichen. Auch mir persönlich ließ das Schicksal der Sacrower Kirche über all die Jahre hinweg keine Ruhe. 1977 ging ich in den Ruhestand und musste unser geliebtes Pfarrhaus in Klein-Glienicke verlassen. Wir zogen nach Babelsberg: Uns gegenüber wohnte Günter Jahn (der damalige Erste Sekretär der SED im Bezirk Potsdam, Anm. d. L.) An ihn wandte ich mich umgehend, um ihm den Sachverhalt klarzumachen. Ich leitete das Gespräch ein mit der Bemerkung, dass ich es für eine gütige Fügung halte, dass wir Nachbarn seien. Ich sei zwar inzwischen Pfarrer im Ruhestand, aber dennoch raube mir der Verfall der Heilandskirche den Schlaf. Dieses außergewöhnliche Bauwerk sei doch schließlich denkmalgeschützt und eine Augenweide für all die Vorüberfahrenden, von denen früher mancher bei seinen Ausflügen an den Gottesdiensten teilgenommen habe; und sie sei außerdem die Taufkirche meiner Frau.

Finanzielle Mittel für etwaige Baumaßnahmen seien, meiner Information nach, gesichert, aber dennoch, wir brauchten dringend seine freundliche Unterstützung. In der Folgezeit kam es zu verschiedenen Gesprächen über den Sachverhalt und schließlich fügte sich so, im wahrsten Sinne des Wortes, Stein um Stein in meinem und unserem Sinne zusammen. Auch der damalige Regierende Bürgermeister von Berlin, Richard von Weizsäcker, ließ es sich nicht nehmen, die Heilandskirche und ihre Zukunft bei seinem Besuch in der DDR zu erwähnen und so wurde das unmöglich Erscheinende möglich: Seit 1987 erfreut der wunderschöne Persius-Bau wieder viele Menschen, wenn auch bislang leider nur im Vorüberfahren. Aber noch ist nicht aller Tage Abend und wir hoffen, dass sich dort in nicht allzu ferner Zukunft auch wieder eine lobpreisende Gemeinde wie früher versammeln darf.
Zu diesem Prozess noch ein Schlaglicht aus einer – wie mir scheint – entschwindenden Zeit, das die Situation von damals einmal mehr erhellt: 1985 waren 50 Jahre vergangen, seit ich meine erste Andacht in St. Peter und Paul auf Nikolskoe halten durfte. Mein Nach-Nachfolger auf der Havelhöhe, Pfarrer Wilfried M. Heidemann, hatte dieses Jubiläum in den „Nikolskoer Nachrichten" erwähnt und damit die „Berliner Abendschau" vom SFB interessiert. Ich gab also ein Interview vor laufender Kamera, dessen Ausstrahlung allgemeine Anerkennung fand und die Erinnerungen vieler Menschen wachrief. Als nun zwei Jahre später die Meldungen über die Restaurierung der Heilandskirche durch die Presse gingen, meldete sich Herr Bormann vom SFB erneut bei mir und fragte, ob ich bereit sei, ein weiteres Gespräch mit ihm zu führen. Anlass sei die Tatsache, dass Sacrow und damit auch die Heilandskirche ehemals zu meinem Dienstbereich gehört habe. Ich sagte zu und wir sprachen, gegenüber der Kirche, diesseits der Havel, etwa zehn Minuten miteinander.
Der Beitrag werde natürlich zusammengeschnitten, auf etwa 3,5 Minuten gekürzt, so Herr Bormann beim Abschied. So weit, so gut, doch was geschah tatsächlich? Bei der Sendung am 23. Dezember 1985 meldete der Moderator lakonisch: „Wir (Westberliner) haben die Heilandskirche gerettet." Dann kam Herr Bormann ins Bild mit der Frage an mich: „Herr Pfarrer Strauss, wann haben Sie hier Ihren ersten Gottesdienst gehalten?" Dann meine Antwort: „Vor 52 Jahren." Die nächste Frage: „Und wann haben Sie das letzte Mal hier gepredigt?" Antwort: „Heiligabend 1961." Tja, und das war's! Kein Wort über das eigentliche Thema unseres Gespräches, nämlich die Tatsache, dass die Kirche zwar äußerlich wiederhergestellt sei, aber dennoch von der Gemeinde bislang nicht genutzt werden konnte. Die zentrale Frage war somit gewesen, welche (besondere)

Bedeutung die Heilandskirche demnach gegenwärtig habe. Ich hatte gehofft, mit meinen Aussagen während des Interviews deutlich machen zu können, dass dieses Gotteshaus genau auf der Grenze zwischen den beiden großen Machtblöcken dieser Welt steht, mithin das Symbol für die Notwendigkeit der Verständigung ist. Ich hatte ausgeführt, dass es gerade in diesen Wochen zur ersten Begegnung von Repräsentanten beider Seiten gekommen sei; und damit zeichne sich ab, dass eine neue Phase des Umgangs miteinander anbreche. Der jetzige Bundespräsident von Weizsäcker habe schon als Regierender Bürgermeister von Berlin Gespräche mit Vertretern der DDR geführt, dabei den traurigen Zustand der Heilandskirche nicht außer Acht gelassen und schließlich Mithilfe bei der Sicherung dieses Kulturbesitzes in Aussicht gestellt.
Das nun in ursprünglicher äußerer Schönheit wiedererstandene Gotteshaus erfreue jetzt wieder viele Menschen und sei für mich so der beredte Zeuge für die Möglichkeiten, die das Gespräch, der Dialog, eröffne.
Und deshalb, so hatte ich zum Schluss erklärt, hoffe ich auf weitere Dialoge und Annäherungen, um zu erreichen, dass die Kirche möglichst bald wieder der Gemeinde zur aktiven Nutzung übergeben werde. Soweit der tatsächliche Verlauf des Interviews an der Havel mit Ansichten und Aussichten, die dem Sender ganz offensichtlich zu brisant erschienen! Und wenn ich schon dabei bin, so wäre noch hinzuzufügen, dass es der Rat der Stadt Potsdam war, der die erforderlichen Arbeitskräfte aus Sanssouci abgezogen und für die Wiederherstellung der Heilandskirche bereitgestellt hat. Der Senat von Berlin und solvente Privatpersonen haben dagegen die Finanzierung des Projektes gesichert. Damit hat, und das möchte ich hier betonen, eben das Miteinander beider Seiten das Wahrzeichen an der Grenze gerettet!
Bei der Planung des Fernsehbeitrages hatte ich damals die Bitte der Journalisten abgelehnt, mit ihnen auf einem Westberliner Polizeiboot an die Heilandskirche heranzufahren. Ein solches Vorgehen erschien mir als unnötige Provokation gegenüber den Grenzorganen, die ein sich näherndes Boot der West-Polizei selbstverständlich ins Visier genommen hätten und dann mich an Deck erkannt hätten. Ganz sicher haben sie uns aber auch so am Havelufer beobachtet, mich, meine Gesprächspartner und den Übertragungswagen. Doch das war schließlich mein gutes Recht, denn ich hatte als Rentner den Reisepass, der auch für Westberlin galt.
Was ich damit sagen will? Nun, etwas „Fingerspitzengefühl" ist notwendig für einen Wanderer zwischen zwei Welten, wie man mich gern bezeichnet; besonders wichtig, wenn die Welten so gegensätzlich sind, dass Honecker (Erich

Honecker, damaliger Vorsitzender des Staatsrates der DDR, Anm. d. L.) sie einmal mit Feuer und Wasser verglichen hat. Doch was wäre Feuer ohne Wasser, Wasser ohne Feuer? Was wäre unsere Erde ohne das Feuer der Sonne, doch auch ohne die Meere und den Regen! Beides ist lebensnotwendig, doch muss das rechte Verhältnis zueinander immer wieder neu gefunden werden.
Deshalb darf der Dialog niemals abbrechen, dürfen beide Elemente sich nie voneinander abschotten. Es erscheint mir das Geschenk unserer Gegenwart zu sein, dass sich langsam, aber sicher das Tor zu dieser Erkenntnis, zu dieser Bereitschaft, wieder öffnet.
Gerade jetzt, zum rechten Zeitpunkt, da ich diese Zeilen schreibe, fiel mir das wahrhaft epochale (in des Wortes echter Bedeutung) Buch des sowjetischen Präsidenten Michail Gorbatschow, „Umgestaltung und neues Denken", in die Hände. In der Erinnerung an vier Jahrzehnte der allgegenwärtigen Mahnung auf Spruchbändern in allen Straßen, nehme ich das alte Motto „Von der Sowjetunion lernen..." heute gern beim Wort und verschlinge Seite um Seite. Hier endlich erfahre ich Bestätigung für das, was mich all die Jahre beschäftigt, ja gequält hat. Er schreibt: „Zugleich darf die Zeit, die wir als die Periode des Personenkultes bezeichnen, nicht unerwähnt bleiben. Der Personenkult wirkte sich auf die Gesetze, auf ihre Zielsetzung und insbesondere auf ihre Einhaltung aus. Übermäßige Zentralisierung, Kommandieren von oben nach unten und Vorherrschen administrativer Weisungen und Verbote minderten die Rolle der Gesetze. Es kam zu Willkür und zügellosen Gesetzesverletzungen, die weder mit den Grundsätzen des Sozialismus noch mit den Normen der Verfassung von 1936 irgend etwas gemein hatten. Die Verantwortung dafür trug die Führung des Landes, trugen Stalin und seine nächste Umgebung. Es gibt keinerlei Rechtfertigung für Versuche, dieses rechtswidrige Vorgehen mit irgendeiner politischen Notwendigkeit, mit der Zuspitzung der internationalen Lage oder einer angeblichen Verschärfung des Klassenkampfes in der Sowjetunion bemänteln zu wollen. Die Missachtung der Gesetze führte zu den tragischen Ereignissen, die wir bis heute weder vergessen noch verzeihen können! Der XX. Parteitag der KPDSU hat dies aufs Strengste verurteilt." (Gorbatschow, M.: *Umgestaltung und neues Denken*)
Weiter heißt es: „Die Sowjetunion ist bestrebt, in außenpolitischen Dingen einen neuen Weg zu gehen. Zu allererst muss ich hier den Dialog nennen! Ich bekenne, ich bin nicht für eine solche einsame Diplomatie, bei der man nach einem Treffen nicht weiß, was der Gesprächspartner eigentlich sagen wollte. Ich bin für eine offene Politik – die keinen doppelten Boden haben darf!" Diese Worte schreibt ein Nichtchrist (vielleicht hatte er eine christliche Großmutter) auch so

manchen sehr selbstsicheren „christlichen" Politiker mit Recht ins Stammbuch. Beim Lesen all dieser Zeilen fiel mir auch wieder die besondere Bedeutung ein, die der christliche Glaube für die politische Entwicklung in Mittel- und Südamerika in der Gegenwart hat. Fidel Castro (Staatsoberhaupt der Sozialistischen Republik Kuba, Anm. d. L.) hat diese Zusammenhänge in seinen „Nachtgesprächen" mit Frei Betto deutlich herausgestellt und bewertet. Neben der Betonung der großen Schuld, die die europäischen Eroberer einst auf sich geladen haben, steht heute jedoch die Tatsache, dass „die Religion der Eroberer weit verbreitet ist". Er erkennt weiter: „Nun aber sind die Armen in die Kirche eingedrungen. Ihr Schmerzensschrei hat die Kirche erreicht, vor allem die Hirten, die näher bei der Herde sind. Das Echo hat sich ausgeweitet, sogar bei einem Papst, Johannes XXIII., an dessen Äußerungen sich alle Menschen hier in unseren Ländern, auch die Marxisten-Leninisten, mit Respekt und Sympathie erinnern. Es ist wohl eine gegenseitige Bewegung und Beeinflussung gewesen: Die Armen dringen in die Kirche ein und beeinflussen sie. Die Kirche dringt als Echo auf die Leiden der Armen tiefer in die Welt der Armen ein!" (Castro, Fidel: *Nachtgespräche*) Und an anderer Stelle äußerte sich Castro: „In Jesus begegnet uns eine uneingeschränkte Option für die Armen. Ich denke, Marx hätte die Bergpredigt unterschreiben können!" Nun, ich denke, zu seiner Zeit sah er sie ja wohl nur im Scheinwerferlicht der Staatskirchen. Ich jedenfalls bin besonders dankbar dafür, dass ich noch vor Beendigung meiner Aufzeichnungen gerade diese beiden Bücher entdeckte, zumal ja Gorbatschow und Castro genau in diesen Tagen ihre künftigen Beziehungen zueinander auf Kuba klären wollen!

Verlassensein und Geborgenheit
Erfahrungen und Erkenntnisse

In den drei ersten Kapiteln meiner Erinnerungen habe ich erzählt, was mir im Laufe meines Lebens widerfahren ist, reihten sich Daten und Fakten aneinander und verbanden sich zu Erlebnissen. Doch besteht ein Leben nicht nur aus Erlebnissen, sondern auch aus Erfahrungen und innerer Erkenntnis. Diesen Prozess zu schildern, soll nun Thema des letzten Teiles sein. Dafür kehren wir noch einmal ganz zum Anfang zurück.

Die erste entscheidende Erfahrung machte ich anlässlich des Todes meiner Großmutter mütterlicherseits, kurz nach meiner Konfirmation. Mein Konfirmator, leider nicht der von mir besonders geschätzte und als Vorbild erwählte Pfarrer Lilienthal, sondern der Vorsitzende des Gemeindekirchenrates, hatte dennoch mit viel Einfühlungsvermögen für mich das schöne Pauluswort: „Wachet, stehet im Glauben, seid mutig und seid stark" (1. Korinther 16, Vers 13) gewählt und damit wohl eine Maxime für mein gesamtes Dasein gefunden.

Jedenfalls war auch er darüber unterrichtet, was mein Vater mir eröffnen wollte, als er mich am Beisetzungsabend meiner Großmutter zu sich rief: „Deine Mutter und ich haben dich sehr lieb, das weißt du und wirst du hoffentlich auch immer spüren. Es ist jetzt acht Jahre her, dass wir uns zum ersten Mal begegnet sind, damals, als ich dich am Monbijouplatz abgeholt habe. Du hast dich sofort bei uns zuhause gefühlt und gewusst, dass du hierher gehörst, wie der Ast zum Baum, so waren deine eigenen Worte. Und du hattest recht, du gehörst zu uns und wir gehören zu dir. Heute nun ist deine Großmutter, die du schon längere Zeit nicht mehr besucht hast, weil sie zu krank war und niemanden mehr erkannt hat, beerdigt worden. Sie war die Mutter deiner leiblichen Mutter, die schon vor zehn Jahren, als du gerade fünf warst, gestorben ist. Du wirst dich wohl kaum an sie erinnern?" Ich bestätigte das und er fuhr fort: „Ja, mein Junge (im Allgemeinen wurde ich überall Bubi-Strauss genannt), heute will ich dir erzählen, was ich über dich weiß. Dein Vater war ein junger Zahnarzt aus Ostpreußen, deine Mutter die einzige Tochter eines Tischlermeisters aus Charlottenburg. Dein Vater hat deine Mutter sehr geliebt, und sie ihn ebenfalls. Die beiden hatten sich die Ehe versprochen, und als nun deine Mutter eines Tages merkte, dass du dich ankündigtest, teilte sie das deinem Vater mit und sie beschlossen zu heiraten. Doch zunächst fuhr er nach Ostpreußen, um seine Eltern davon zu unterrichten. Die aber willigten nicht ein und obwohl der junge Mann bereits 24 Jahre alt war, also frei entscheiden konnte, war er gehorsam, und die Ehe kam nicht zustande. Du

bist dann also ohne deinen leiblichen Vater, von Mutter und Großeltern betreut, unter dem Namen Raabe herangewachsen. Als du aber fünf Jahre alt warst, starb deine Mutter mit 26 Jahren an Herzversagen, der Großvater war bereits kurz zuvor ebenfalls verstorben, und deine Großmutter stand plötzlich allein mit dir da. Sie wandte sich an das Rote Kreuz, das eine „Vemittlungsstelle für elternlose Kinder" unterhielt." „Ach", unterbrach ich ihn an dieser Stelle, „deshalb war ich also für einige Zeit in Lengerich in Westfalen, bei diesem Fabrikanten!" Ja, an diese Zeit erinnerte ich mich noch allzu genau. Ich wusste noch, dass im Hause meiner geplanten Adoptiveltern auch die Schwester des Hausherrn mit ihrem Mann und drei Kindern lebte. Als sie nämlich nach längerer Krankheit starb, musste ich bald danach gehen!
„Ja", fuhr mein Vater fort, „deine vorgesehenen neuen Eltern nahmen nun eins der drei Kinder der Schwester an, und schickten dich deshalb wieder weg." Noch heute, während ich diese Zeilen schreibe, erinnere ich mit leiser Bitterkeit, wie unendlich einsam und verlassen ich mich in diesem Augenblick gefühlt hatte, und ich war meinem Vater um den Hals gefallen mit den fast verzweifelten Worten: „Und ich habe immer gedacht, ihr seid meine richtigen Eltern!" Mein Vater nahm mich fest in den Arm und sagte: „Das sind wir ja doch auch, mein lieber Junge. Wir haben dich sehr bald amtlich ‚an Kindes Statt' angenommen. Man nennt das ‚adoptieren'. Seit dieser Zeit trägst du unseren Namen. „Bei diesen tröstlichen Worten überkam mich ein fast unbeschreibliches Gefühl der Geborgenheit und der Dankbarkeit für die doch glücklichen Wendungen in meinem Schicksal! Wie anders hätte mein Weg verlaufen können, wäre ich in der Industrie aufgewachsen oder in einem Kinderheim! Der Schatten der Kirche, von dem ich eingangs meines Berichtes schon einmal gesprochen habe, hatte alle guten Voraussetzungen für mein Leben geschaffen, so wie eben auch die Umgebung den Menschen formt. Das Leben im Gemeindehaus mit der Schwesternstation hatte auf seine Weise auf mich gewirkt; meine Eltern hatten keinerlei bewussten Einfluss auf meine Entscheidungen für die Zukunft ausgeübt. Im Gegenteil, sie hatten mich zunächst in der Oberrealschule angemeldet, als Grundlage für einen guten praktischen Beruf.
Doch, so scheint mir noch heute, Gott selbst hatte bereits damals seine schützende Hand auf mich gelegt, als ER in mir die Aufgeschlossenheit für meine Nächsten, meine Nachbarn, ja, überhaupt für die Gemeinschaft weckte.
Und dieser Prozess der tiefen Auseinandersetzung mit meinem Glauben setzte sich immer weiter fort: Während des Studiums hatten mich vor allem die Ideen der Praktischen Theologie, in Marburg auch die Auslegung des Evangelisten

Johannes, besonders durch Professor Bultmann, angezogen. Zwar waren mir damals die Anfänge der „Entmythologisierung" noch sehr verschwommen erschienen, doch die Fragestellungen an sich hatten mich immer zu eigenem Nachdenken angeregt! Ich weiß noch genau, wie betroffen ich war, als Bultmann einmal auf die Frage eines Kommilitonen nach der Echtheit und Verbürgtheit der Jesusworte antwortete, dass er nicht sagen könne, welches ein authentisches Christuswort sei, und welches nicht! Und in seiner Pfingstpredigt hörte ich ihn sagen: „Das aber ist Pfingsten, auf dass uns gewiss werde, der für uns Gekreuzigte ist der für uns Auferstandene. Sein Wort, von den Evangelisten uns überliefert, ist das Vehikel seines Geistes; durch ihn weckt Gott selbst den Glauben in uns!" All diese Gedanken haben mich lange umgetrieben und oft nicht zur Ruhe kommen lassen, doch wurde dieses Bekenntnis schließlich auch mein eigenes Glaubenszeugnis, bewährt in harten Anfechtungen vermeintlicher Verlassenheit und Einsamkeit. Dieser tiefe Glaube schließt dennoch nicht aus, dass Glaube immer wieder auch angefochtener Glaube sein wird, wie es auch Martin Luther immer neu bezeugt hat. Ja, und sogar ein unverdächtiger Zeuge, der Marxist Jean-Paul Sartre, bekennt in seinem autobiographischen Roman „Die Wörter": „Auch eine tiefe Gläubigkeit ist niemals ganz einheitlich; man muss sie unablässig aufrechterhalten oder wenigstens davon absehen, sie zu ruinieren...".

Ich würde heute nicht wagen, genau festzulegen, von welchem Augenblick an ich meinen Glauben hatte. Ich denke, er ist im Verlaufe meines Erwachsenwerdens gereift; ich weiß aber genau, dass ich mein Abendgebet übrigens sehr zur Freude meiner damals geplanten Adoptiveltern – bereits pflegte; ich ergänzte es aus eigenem Antrieb, nachdem ich bei ihnen wirklich zu Hause war, durch die „Fürbitte für die Eltern und die, die wir sonst liebhaben"!

Die Wahl der Textstelle für meine erste Predigt in meiner Heimatgemeinde geriet mir zum persönlichen Glaubenszeugnis. Sie stammte aus den Aufzeichnungen meines „Lieblings-Evangelisten" Johannes, Kapitel 3, Vers 16: „Also hat Gott die Welt geliebt, dass Er seinen eingeborenen Sohn gab, auf dass alle, die an ihn glauben, nicht verloren werden, sondern das ewige Leben haben"!

Der Text für meine erste Andacht in St. Peter und Paul auf Nikolskoe lag auf der gleichen Linie, aus dem 1. Johannesbrief Kapitel 4, Vers 16b: „Gott ist Liebe, und wer in der Liebe bleibt, der bleibt in Gott und Gott in ihm"! Und weniger ein Zufall als vielmehr freundliche Fügung war wohl auch, dass Oberrat Lic. Dr. Kegel mir für die wissenschaftliche Arbeit zum Ersten Examen das Thema vorschlug „Friedrich-Wilhelm IV. und seine Stellung zu Christentum und Kirche",

hatte jener Friedrich-Wilhelm doch als Kronprinz Entwürfe für St. Peter und Paul vorgelegt und die Turmfront der Kirche entworfen.
Die Begegnung mit diesem kleinen Gotteshaus, mit seiner exponierten Lage über der Havellandschaft und mit seinem Auftrag als offene Kirche, war mir zur Liebe auf den ersten Blick geraten; mit ihr werde ich immer „verlobt" bleiben, bis an mein irdisches Ziel! Dort oben, auf Nikolskoe, war, ist und bleibt meine geistliche Heimat, mit Begegnungen mit Spaziergängern und Menschen auf der Suche nach Entspannung, die dann nicht selten gerade hier eine Wiederbegegnung mit ihrer ganz eigenen kirchlichen Vergangenheit erleben. Eben diese Randsiedler des Glaubens, die immer offen auf der Suche sind nach dem eigentlichen Halt in ihrem Leben, sind mir von vielen Begegnungen in Erinnerung geblieben, mehr als die scheinbar Selbstsicheren, die immer meinen, ihren festen Glauben zu haben, ohne dabei zu merken, dass dies sehr große Konsequenzen für ihren Alltag nach sich ziehen müsste. Dort auf Nikolskoe konnte ich das Ziel meiner Studien, die Einheit von Glauben und Leben als zentraler Missionsgedanke, am überzeugendsten in den Vordergrund stellen.
Als ich nach meiner militärischen Ausbildung in Freienwalde schließlich zur „kämpfenden Truppe" nach Frankreich ausrückte, gaben mir meine Eltern einen Spruch mit auf den Weg, der mir, egal, was auch passierte, immer hilfreich zur Seite stand: „Suchet den Herrn, solange er zu finden ist, rufet ihn an, solange er nahe ist. Meine Gedanken sind nicht eure Gedanken und eure Wege sind nicht meine Wege, spricht der Herr"! (Jesaja 55, Vers 6.11)
Dieser Text, den ich schon für meine erste Examenspredigt gewählt hatte, hielt mich auch dann aufrecht, als ich im Februar 1945 buchstäblich auf den Trümmern meiner Heimat stand, mitten im Zentrum Berlins, umgeben von Verwüstung und Zerstörung, vor Augen nur, im Schutthaufen von Kirche und Gemeindehaus, ein fast freischwebender Küchenherd als Symbol der Erinnerung. Wie fest hatte ich mir vorgenommen meinen Eltern, sobald der Krieg vorüber wäre, etwas von der Liebe zurückzugeben, die ich durch sie hatte empfangen dürfen. Wie fest war ich entschlossen gewesen auf die Frau zu warten, die die Zustimmung meiner Eltern fände, nur mit ihrem Segen meinte ich damals die richtige Wahl treffen zu können. Ja, es hatte einige Anläufe in dieser Richtung gegeben, doch ich hatte immer wieder gezögert, wollte während des Krieges keine feste Bindung eingehen. Jetzt plötzlich war es zu spät für all das, ich fand alles zerstört, fühlte mich einsam und gänzlich hilflos. Auch die Freunde in Neubabelsberg, die mich beherbergten und zu mir standen, konnten die große Lücke

in meinem Leben nicht wirklich füllen. An die Stelle des Vergangenen war ein luftleerer Raum getreten. Durch ihn wandelte ich wie im Traum – ohne Beziehung zur Gegenwart. Als ich einige Tage später nach Dänemark zurückkehrte, war ich, auch in den Augen meiner Kameraden und Vorgesetzten, ein anderer. Meine unbekümmerte Fröhlichkeit schien für immer verloren. Ich war nur noch dankbar, dass mir als Feldwebel ein Einzelzimmer zustand; dort saß ich und sprach mit mir selbst. Doch diese einsamen Selbstgespräche fanden allmählich ein Gegenüber: Das Jesajawort, das mir meine Eltern zu Kriegsbeginn mitgegeben hatten, grüßte mich freundlich von den Wänden her. Und eines Morgens, beim Wachwerden, war mir, als spräche es zu mir, mit der Stimme meines Vater schien es zu sagen: „Meine Gedanken sind nicht eure Gedanken!"
Ich griff zu meiner Senfkornbibel, die mich seit meinem letzten Urlaub im Frühjahr begleitete und las die Stelle im Zusammenhang: „Denn gleichwie der Regen und Schnee vom Himmel fällt und nicht wieder dahin zurückkehrt, so soll das Wort, das aus meinem Munde geht, auch sein: es soll nicht wieder leer zu mir zurückkommen, sondern es wird tun, was mir gefällt, und ihm wird gelingen, wozu ich's sende! Ihr sollt in Freuden ausziehen und im Frieden geleitet werden!" Den Sinn dieses Leitwortes durfte ich in den folgenden, wenigen Wochen bis Kriegsende noch spürbar erfahren: mehr und mehr fühlte ich mich geborgen unter dem Schutz der treuesten und stärksten Vaterhände, die es nur geben kann, auch wenn die Waffenruhe zunächst nicht den erhofften Frieden mit sich brachte. Für mich persönlich aber folgte in dieser Zeit Bestätigung auf Bestätigung des, wie ich meine, auf meine Person zugeschnittenen Mottos: „Ihr sollt in Freuden ausziehen und im Frieden geleitet werden!"
Die Erfahrungen, die ich in den Wochen und Monaten der selbstgewählten Gefangenschaft und auch danach sammeln durfte, erfüllten die Aussage des 23. Psalmes: „Er führet mich auf rechter Straße!". Die Gastfreundschaft meiner Verwandten aus Oldenburg nach meiner Entlassung, die Chance zur Rückkehr nach Potsdam mit Hilfe der Beziehungen des Oldenburger Oberkirchenrates und nicht zuletzt, die erste Begegnung mit meiner künftigen Frau, waren für mich die Meilensteine eines sinnvoll vorgeplanten Weges. Schneller als erhofft wurde ich wieder nach Neubabelsberg berufen und fand dort, gemeinsam mit meiner jungen Frau, ein intaktes Pfarrhaus zum Einzug bereit und eine Gemeinde, die uns beide mit offenen Armen aufnahm.
Zum Inventar unseres neuen Heimes gehörte zufällig auch eine „Hanauer Höhensonne", mit deren Hilfe meine Frau, frisch ausgebildet an einer medizinischen

Fachschule, schon bald ärztlich verordnete Bestrahlungen an den Säuglingen des Ortes, unabhängig von deren kirchlicher Zugehörigkeit, durchführen konnte. Aus diesem Angebot heraus entwickelte sich wiederum ein bis 1961 bestehender Jungmütterkreis und bereicherte über viele Jahre unser Gemeindeleben.
All diese kleinen, doch feinen Randbedingungen waren keinesfalls selbstverständlich! Vielmehr betrachte ich sie noch heute als Zeichen dafür, dass wir unter gütiger Führung unseren Weg gehen durften, ich, meine Frau und unsere vier Kinder, im steten Vertrauen auf Gottes Fürsorge.
Die Erlebnisse und Begegnungen fügten sich so wie Mosaiksteinchen ineinander, zu einem stimmigen Bild: Von langfristiger Bedeutung war so auch die Tatsache, dass wir bald nach unserem Einzug zwei treuen Gottesdienstbesucherinnen aus Potsdam Unterkunft gewährten, weil sie in ihrer eigenen Wohnung unter etwas sehr lebhafter Einquartierung litten. Mutter und Tochter von Winterfeld wurden uns in den nächsten fünf Jahren treue und hilfreiche Hausgenossinnen. Bedeutsam war ihre Mitarbeit vor allem auch für die Gemeinde, denn Fräulein „Alex", wie die Tochter allgemein gerufen wurde, betätigte sich in vielfältiger Hinsicht als freiwillige Gemeindehelferin, übernahm stellvertretend den Orgeldienst, gründete und betreute schließlich den Kinderchor Neubabelsberg.
Außerdem konnten wir in den ersten Jahren dadurch, dass die Gemeinde noch sieben hauptamtliche Angestellte zur Verfügung hatte, zunächst einen eigenen Kindergarten unterhalten.
Zu unseren Gemeindegliedern gehörte zum Beispiel auch ein Ältester, der als Verwalter eines sowjetischen Kohlenplatzes arbeitete. In Absprache mit seinem Vorgesetzten sorgte er dafür, dass die alten Mitbewohner in der Gemeinde während der ersten harten Winter nach dem Krieg mit zusätzlichen Kohlerationen versorgt wurden.
In den ersten Nachkriegsjahren stand zudem jeden Sonntag der „Barmherzige Brotkorb" im Taufbecken unserer Kapelle. In ihn tat jeder, was er an Brot oder anderen Lebensmitteln erübrigen konnte; unsere Gemeindeschwester Käthe sorgte dann für eine sinnvolle Verteilung der Nahrungsmittel, denn sie kannte die Hungrigen unter uns am besten.
Alles in allem waren sehr viele Gemeindeglieder bereit, ihre Fähigkeiten und Möglichkeiten ehrenamtlich zum Wohl der Gemeinschaft einzusetzen. Meine Frau und ich luden deshalb alljährlich im Februar, zwischen unseren Geburtstagen, alle aktiven Gemeindeglieder, die in irgendeiner Weise für die anderen tätig

Alexandra von Winterfeld mit Michael und Renate Strauss, 1951

waren, zu einem gemeinsamen gemütlichen Abendessen in unser geräumiges Pfarrhaus ein. So manches Mal saßen so über dreißig Personen um unseren Tisch herum! Und so kann ich noch heute stolz und dankbar zurückblicken auf eine Gemeinde, die in schweren Zeiten und gegen manchen Widerstand von außen, dennoch zu einer echten, großen Familie zusammengewachsen war.
Die im Jahre 1952 einsetzenden Veränderungen erschwerten uns, wie ich ja bereits ausführlich erzählt habe, das Leben mehr und mehr, sei es durch die verlängerten Wegezeiten oder all die anderen Behinderungen von Seiten der Obrigkeit. Meine Frau und ich reagierten darauf, indem wir uns weigerten, an den Wahlen teilzunehmen. Wir blieben auch dann konsequent, wenn wir im Laufe des Wahltages „Besuch" bekamen, der uns unmissverständlich dazu aufforderte, unsere Wahlpflicht zu erfüllen. Ich entgegnete solchen Besuchern dann immer, dass ich mich dazu solange nicht in der Lage sehe, wie ich in meiner Dienstausübung, auch den Westberliner Gemeindegliedern gegenüber, behindert werde.
Mit dem 13. August 1961 ergab sich auch in dieser Hinsicht eine völlig neue Sachlage: Der Gemeindekirchenrat entschied, dass wir unsere Verweigerungsstrategie nunmehr aufgeben müssten, da wir sonst den „Sicherheitsaktiven" im Sperrgebiet selbst den Anlass geben würden, uns aus dem Grenzgebiet zu entfernen, weil wir uns dort untragbar gemacht hätten. Dies hätte aber für uns den

Ausschluss aus der Ortsgemeinschaft bedeutet. Wir beteiligten uns also künftig, doch ohne zu heucheln und unter Protest: Beim ersten Wahltermin stellten wir fest, dass es in Glienicke keine Wahlkabine gab.
Wir hatten aber bereits vorher einen Zettel vorbereitet, den wir – ganz und gar nicht geheim – an den Wahlschein hefteten und so an den Wahlleiter mit der Urne übergaben. Auf dem Zettel stand, dass wir uns nicht in der Lage sähen, unser „Ja" abzugeben, solange die Regierung unseren Bischof D. Kurt Scharf in der Ausübung seines Amtes im Bereich der Brandenburgischen Kirche behindere. Bei der nächsten Wahl gab es dann eine Kabine, die wir nur zu gern benutzten, um einige Namen, die wir nicht für würdig erachteten, von der Liste zu streichen. Ein anderes Mal, bei der Wahl der Stadtverordneten, zu der Zeit als sich hinsichtlich der Erhaltung der Heilandskirche gar nichts bewegte, kam erneut ein Zettel zum Einsatz: Wir gaben an, dass unsere Stimme keine Gültigkeit habe, solange nicht Sorge um den Verfall der Heilandskirche getragen werde, obwohl Finanzmittel aus dem Westen bereitständen. Nun, „Steter Tropfen höhlt den Stein" oder „Gottes Mühlen mahlen langsam aber trefflich fein". Gerettet ist die Heilandskirche heute, eine Augenweide, doch wann also wird sie wieder Ort der Versammlung?
Das Filial Sacrow war durch die Grenzmaßnahmen aus der unmittelbaren Nachbarschaft plötzlich weit von uns weg gerückt, 21 Kilometer Umweg mussten überbrückt werden. Deshalb besaßen wir von 1963 an einen „Trabi". Mit ihm verbindet sich für mich ein besonderes Erlebnis, das ich hier, im vierten Abschnitt meiner Erinnerungen, nicht „unterschlagen" will: Ich hatte nämlich einen Unfall, der äußerlich zunächst nicht tragisch zu sein schien, weil eigentlich nichts zu sehen war. Und das kam so: Ich hatte in der Unterführung am Bahnhof Babelsberg eine Weile gewartet und ließ jetzt die Kupplung kommen, um anzufahren. Im gleichen Augenblick kam direkt an der Fahrbahnkante plötzlich ein Krad angebraust und streifte mich ganz kurz. Ich lenkte den Wagen schnell auf die andere Straßenseite und hielt an, weil ich sah, dass auch der Kradfahrer gebremst hatte. Ich lief zu ihm hinüber und gemeinsam stellten wir fest, dass er keinerlei sichtbare Verletzung davongetragen hatte.
Er klagte jedoch über Schmerzen im rechten Knie und so bot ich ihm an, ihn vorsichtshalber doch ins nahegelegene Krankenhaus zu bringen, um das Bein röntgen zu lassen. Herr Dr. Möller, den ich von vielen fürsorglichen Besuchen in Klein-Glienicke her kannte, nahm die Untersuchung vor. Das Ergebnis erschütterte mich: Riss in der rechten Kniescheibe, so lautete das ärztliche Urteil. Es sehe schlecht aus, denn dieses Ergebnis erfülle den Tatbestand der Körperverletzung.

Ich konnte es gar nicht glauben, denn die gegenseitige Berührung war meiner Ansicht nach kaum wahrnehmbar gewesen. Dennoch, die Polizei musste in diesem Falle benachrichtigt werden. Ich war völlig hin- und hergerissen. Auf der einen Seite warteten die Gemeindeglieder auf mich, die ich in die Sprechstunde bestellt hatte, weil sie ja nicht zu uns nach Glienicke kommen durften, auf der anderen Seite aber war ich zutiefst betroffen und besorgt, denn die Untersuchungsergebnisse schienen ja eindeutig zu sein. Ich verbrachte jedenfalls ein sehr unschönes Wochenende, belastet von dem Glauben, einen anderen Menschen verletzt zu haben. Als am Montagvormittag dann die Polizei vorfuhr und bei uns klingelte, da rutschte mir das Herz doch ganz schön in die Hose. Das sah wohl auch der Polizist, dem ich die Tür öffnete, denn er beruhigte mich sofort beim Eintreten: „Machen Sie sich keine Gedanken, Sie haben niemanden verletzt!" Der junge Mann hatte verschwiegen, so ergab die nochmalige Überprüfung des Röntgenbildes, dass er vor drei Jahren bereits einen ähnlichen Unfall gehabt hatte. Bei dem damaligen, direkten Zusammenstoß war die Kniescheibe schwer verletzt worden. Mir fiel ein Stein vom Herzen, und ich dankte meinem Herrgott dafür, dass der Doktor sich die Röntgenaufnahme noch einmal vorgenommen hatte. Wie leicht hätte ich schwere Schuld auf mich laden können. Als hätten wir nicht genug Sorgen gehabt, die Heilandskirche vor dem Verfall zu retten, auch der Zustand unserer Kirche vor Ort, der Klein-Glienicker Kapelle,

Pfarrer Strauss in seinem „Dienstfahrzeug", 1976

Klein-Glienicker Kapelle, 1950er Jahre

ließ im Laufe der Zeit immer mehr zu wünschen übrig. Vor allem das Dach, aber auch die Orgel bedurften einer dringenden fachmännischen Überholung. Doch dafür brauchte man kompetente Handwerker, und diese Handwerker wiederum brauchten Passierscheine, um in unser Sperrgebiet zu kommen. Diese Papiere gab es natürlich nur für vertrauenswürdige Bürger, doch wer wollte das wie beurteilen?
Wir näherten uns damals dem 31. Oktober 1971 und damit dem 90. Geburtstag der Kapelle. Wir hatten uns vorgenommen, wenn wir schon von der eigentlichen Heimatkirche getrennt waren, so doch unser kleines Gotteshaus anlässlich dieses Jubiläums wieder in den bestmöglichen Zustand zu versetzen.Wir wünschten uns einen würdigen Rahmen, um Gott zu loben und zu danken, dass Er seine Gemeinde in bedrängter Zeit kraftvoll bewahrt hatte. Es gelang uns schließlich, einen Dachdecker aus Brück anzuwerben und mit ihm drei zuverlässige Gesellen, die die begehrten Passierscheine erhielten. Doch mitten in den Bauarbeiten, das Dach war gerade zur Hälfte gedeckt, nutzten zwei dieser Männer die Chance, mit Hilfe einer Leiter den Sprung über die Mauer zu wagen. Ihr Kollege, der verheiratet war und dessen Frau ein Kind erwartete, wurde in ihre Pläne nicht eingeweiht. Die Behörden glaubten ihm natürlich nicht, dass er keine Ahnung von den Fluchtplänen seiner Kollegen hatte, sondern steckten ihn für 18 Monate

ins Gefängnis. Kein Einspruch von Seiten der Kirchenleitung, noch die eidesstattliche Erklärung der beiden Geflüchteten vor einem westdeutschen Notar half etwas oder erwirkte gar seine Freilassung. Und die Arbeiten an der Kapelle ruhten natürlich zunächst. Erst nach Wochen durften zwei ältere Dachdecker unter strenger Bewachung die begonnenen Baumaßnahmen notdürftig beenden. Die beiden vertrauensseligen Grenzer, die sich von den Flüchtlingen hatten hinters Licht führen lassen, wurden ebenfalls hart bestraft, als Abschreckung sozusagen, um die Sicherheit im Grenzgebiet zu gewährleisten.
Es versteht sich von selbst, dass es von diesem Zeitpunkt an noch viel schwieriger wurde, Handwerker nach Klein-Glienicke oder auch nach Sacrow zu vermitteln und den Arbeitern selbst gefiel natürlich die Vorstellung, von schwer bewaffneten Soldaten bewacht arbeiten zu müssen, überhaupt nicht. So entwickelte sich schnell eine Art Teufelskreis, der schon bei der nächsten Gelegenheit uns allen schmerzlich bewusst werden sollte: Das Festjubiläum rückte immer näher, doch noch immer hatte sich niemand unserer Orgel angenommen. Sie war zwar erst 1935 von Grund auf erneuert worden, doch hatten mangelnde Pflege während des Krieges und in der Nachkriegszeit deutliche Spuren hinterlassen. Es musste etwas geschehen, und so waren wir sehr glücklich, als sich die Firma Schuke, die das Instrument in Pflege hatte, endlich bereit erklärte, trotz der widrigen Umstände Hand anzulegen. Es gelang mir sogar, ihnen die Arbeiten zu erleichtern, denn ich hatte den Grenzkommandanten davon überzeugt, dass die Motivation und Einsatzfreudigkeit der beiden Orgelbauer erhöht werden könne, ließe man sie ohne besondere Bewachung arbeiten. Ich war mir ganz sicher, dass diesmal nichts passieren würde und bürgte für die beiden. Drei Tage nach dem Beginn der Arbeiten fuhr der ältere Orgelbauer nach Dresden, um dort eine Orgel abzunehmen; der jüngere kam an diesem Morgen also allein und holte sich den Schlüssel zur Kapelle bei uns ab. Schon zwei Stunden später kam Frau Stiege ganz aufgelöst vom Konsum (die Lebensmittelläden der ehemaligen DDR, Anm. d. L.) zurückgelaufen und erzählte, sie habe in der Nähe der Kapelle eine Leiter an der Mauer lehnen sehen, daraufhin voller böser Ahnungen den Orgelbauer gesucht und keine Spur von ihm gefunden. Ich war wie vom Donner gerührt und meinte den Boden unter den Füßen zu verlieren. Auch meine Frau schlug nur noch die Hände über dem Kopf zusammen, doch was half es, wir machten uns gemeinsam auf zur Kirche, um dort das Dilemma mit eigenen Augen zu sehen. Wir fanden alles so vor, wie man uns berichtet hatte und mir blieb nichts anderes übrig, als meinen „Gang nach Canossa", zur Kommandantur, anzutreten und zu melden, dass der Orgelbauer abgehauen sei. Was lag

für die Grenzer angesichts der bitteren Tatsachen näher als hier eine planvolle Absprache zu vermuten. Also wurde ich zunächst einmal intensiv verhört, doch trotz der brenzligen Situation spürte ich, dass man nicht ganz davon überzeugt war, dass ich gemeinsame Sache mit dem Flüchtling gemacht hatte. Ich schaute wohl auch zu ehrlich bestürzt drein und bei allen Zweifeln vertraute man mir wohl irgendwie noch immer, so dass man schließlich die Idee, meine Bitte um Abzug des Begleitpersonals hätte die Flucht bewusst vorbereitet, fallenließ.
Ja, und es geschah sogar, was nach diesem Vorfall wohl niemand mehr für möglich gehalten hatte: Dem älteren Orgelbauer wurde erlaubt, allein die noch ausstehenden Arbeiten an der Orgel zu Ende zuführen und am Festtag selbst erhielten wir sogar Passierscheine für die Mitglieder des Chores der Friedrichskirche, damit sie uns helfen konnten, den Gottesdienst noch festlicher zu gestalten. So feierten wir letztlich trotz des ganzen Durcheinanders einen wirklich würdigen 90. Geburtstag, zumal der dritte Dachdecker inzwischen ebenfalls wieder auf freiem Fuße war und sein Töchterchen in den Armen halten durfte!
Als ich 1964 in die Pfarrstelle der Friedrichskirche gewählt wurde, hätten ich und meine Familie eigentlich auch in das dazugehörige Pfarrhaus nach Babelsberg umsiedeln können. Mit diesem Schritt wären wir ganz legal und ordnungsgemäß aller Grenzgebietsprobleme enthoben gewesen. Doch hätten wir das wirklich verantworten können? Gott sei Dank waren meine Frau und ich auch in diesem Punkt einer Meinung, und ich danke ihr noch heute dafür, dass sie damals auf meiner Seite stand, als ich mich entschied an Ort und Stelle auszuharren. Ihre Haltung war gewiss keine Selbstverständlichkeit, denn vor 1961 hatte es bereits manch verlockendes Angebot für uns gegeben, die Seiten zu wechseln und eine Stelle in Westberlin anzunehmen. Mit einem Fuß hatten wir ja immer auf der anderen Seite der Grenze gestanden. Der Ruf aus dem Westteil kam jedoch immer gerade zu einem Zeitpunkt, wenn sich die Situation an der Grenze wieder einmal spürbar verschärfte. Schon allein deshalb konnten wir uns nie entschließen, ihm zu folgen. Unsere Kinder erfuhren von alledem nie etwas, denn wir fürchteten, dass ihnen dieses ewige Hin und Her seelisch zu sehr zusetzen würde. Ich denke, wir haben ihnen mit unseren Entschlüssen mehr als nur eine Last auf die schmalen Schultern gelegt, denn auch sie hatten natürlich tagtäglich unter den strengen Regeln eines Lebens im Sperrgebiet zu leiden. Es ist ihnen nie möglich gewesen, sich Freunde außerhalb des Grenzgebietes zu suchen, die Besuche bei Schulkameraden mussten zwangsläufig einseitig verlaufen, denn Gegeneinladungen in unser Haus waren nicht erlaubt. Nur einmal, als unser Sohn Jürgen seinen letzten Geburtstag vor dem Abitur feierte, durfte

er drei Klassenkameraden für einen Nachmittag in unser Pfarrhaus einladen, ein Haus, das problemlos die gesamte Klasse hätte unterbringen können. Angesichts der herrschenden Verhältnisse in der DDR waren auch unsere Kinder immer gefährdet, in die Zweischneidigkeit zwischen dem Gedachten auf der einen und dem Gesagtem auf der anderen Seite zu geraten. Gerade hier bei uns im Grenzgebiet drohten sich die Ost-West-Spannungen am ehesten zu entladen und hätten die Kinder sicher in seelische Konflikte stürzen können. Meine Frau und ich waren daher von frühester Zeit an immer bemüht, ihnen unfruchtbare Diskussionen in dieser Hinsicht zu ersparen und sie zur Kompromissbereitschaft zu erziehen. Nur in einer Hinsicht gab es auch für uns kein Pardon: In Fragen unseres Glaubens waren wir zu keinerlei Kompromiss bereit. So war zum Beispiel eine Teilnahme unserer Kinder an der Jugendweihe schlicht nicht denkbar und wir versuchten im Übrigen ihnen vorzuleben, dass aktives Christsein die Sache aller Tage im Leben zu sein hat, sonntags wie alltags.
Unsere Kinder litten sehr darunter, dass sie so streng getrennt von den Großeltern in Berlin-Zehlendorf aufwachsen mussten. Bis 1961 waren wir sehr häufig zu ihnen gefahren und die Kinder hatten viel Kontakt zu ihren Cousinen und Cousins, die alle im Westen wohnten. Als dann der Mauerbau 1961 über Nacht auch diese schmalen Bande noch zerriss, empfand nicht nur meine Familie dies als schwere und nachhaltige persönliche Belastung. Später dann als die Westberliner nach Abschluss der Ostverträge zuerst wieder in die „Hauptstadt der DDR" und dann schließlich sogar wieder in die gesamte DDR einreisen durften, hatten wir im Sperrgebiet der Grenze keinerlei Vorteil von diesen doch einschneidenden Veränderungen. Eltern, Schwiegereltern und andere Verwandte aus dem Westteil bekamen natürlich auch weiterhin keine Erlaubnis, uns zu besuchen. In dieser Situation kamen wir auf die Idee, irgendwo außerhalb des Grenzgebietes eine Parzelle zu erwerben und dort einen kleinen Bungalow als Treffpunkt zu errichten. Die Gelegenheit dazu bot sich unserer Gemeinde im Frühjahr 1975. Zu diesem Zeitpunkt erreichte uns nämlich eine Anfrage des Stadtrates für Inneres, ob die Kirchengemeinde bereit sei, das Sumpfgebiet auf dem Pfarrgartengelände als Schuttkippe für drei kleine Nachbarhäuser zur Verfügung zu stellen. Ich war mir recht sicher, hierfür die Einwilligung des Gemeindekirchenrates zu erhalten, knüpfte an meine Zusage allerdings die Bitte, uns in diesem Falle nicht finanziell, sondern materiell in Form einer bebauungsfähigen Parzelle für ein kleines Haus als Treffpunkt zwischen Gemeindegliedern und ihren Westbesuchern zu entschädigen. Der Stadtrat schien dieser Idee gegenüber aufgeschlossen zu sein, doch dann vergingen einige Wochen und eines Tages beobachtete

ich, dass auf dem Nachbargrundstück mit dem Abriss der Gebäude begonnen wurde. Der anfallende Schutt wurde jedoch, entgegen den ursprünglichen Plänen, auf Lastkraftwagen verladen und abgefahren. Ich setzte mich daraufhin sofort mit Stadtrat Müller in Verbindung und fragte nach. Man teilte mir mit, dass man für die Reste der Häuser inzwischen andere Verwendungszwecke gefunden habe. Ich ließ mich jedoch nicht abwimmeln und fragte, wie es denn um das ursprünglich vorgesehene Tauschobjekt stehe und bekam die Antwort, dass die gegebene Zusage weiterhin bestehe und ich mich ans Grundbuchamt wenden solle. Das ließ ich mir natürlich nicht zweimal sagen und so bot man mir schließlich vier Parzellen, die zur Bebauung freigegeben waren, zur Auswahl an. Nach eingehender Besichtigung aller Objekte entschieden wir uns für das Grundstück in der Goethestraße, dort wo meine Frau und ich heute noch wohnen. Kaum waren die Verträge unter Dach und Fach, wandten wir uns an unsere Freunde in Brackwede, die uns schon einmal vor Jahren geholfen hatten, als es darum ging, St. Peter und Paul mit einem Büroanbau für die Westberliner Besucher zu versehen. Sie hatten uns auch diesmal wieder Hilfe zugesagt. Auch unsere Verwandten, die eigentlich damit gerechnet hatten, dass wir nach meinem Eintritt in den Ruhestand in den Westen umsiedeln würden, hatten erkannt und verstanden, dass ich bleiben würde, und sie beteiligten sich ebenfalls an der Hilfsaktion. Auf diese Weise konnten wir auf dem „Genex-Wege" (Genex war eine staatliche Importorganisation der DDR. Westbürger konnten Waren für Ostbürger bestellen und mit D-Mark (Devisen!) bezahlen, Anm. d. L.) den Erwerb eines „Bungalow" in Angriff nehmen. Nun hatten die drei anderen Familien unserer Gemeinde, die sich in ähnlich schwieriger Lage befanden wie wir, in der Zwischenzeit eine brauchbare Lösung der Verwandten-Frage gefunden. Also konnten wir uns ganz auf unsere eigenen Pläne konzentrieren und beschlossen, die ursprüngliche Verlegenheitslösung als möglichen Ruhesitz auf Dauer ins Auge zu fassen. Auch das Konsistorium ließ sich für diese Pläne gewinnen und unterstützte uns mit einem Darlehen und so fügte sich letztlich ein Glied ins andere. Nicht, dass all diese Maßnahmen ohne unseren konsequenten Einsatz von Kraft und Zeit zustande kamen, nein, so mancher wunderte sich sogar, was wir in unserem Alter noch so unternahmen. Andererseits muss ich richtigstellen, dass ich mich in Bezug auf die körperliche Arbeit doch sehr zurückhalten konnte und schon damals meinen Ruhestand durchaus genoss. Ich übernahm lediglich die Organisation der anfallenden Arbeiten: Kräftig in die Hände gespuckt haben hingegen auf meine Bitte hin einige ehemalige Konfirmanden und viele Freunde und Bekannte aus Sacrow und Potsdam wie zum Beispiel unser lieber

Freund Wolfgang Berndt. Selbstverständlich waren auch unsere Kinder und unser Schwiegersohn Hansi, wann immer es ihnen die Zeit erlaubte, auch an Sonnabenden (am Sonntag wurde nicht gearbeitet), mit von der Partie. Und zwei Namen muss ich in diesem Zusammenhang besonders nennen: Da war nämlich zum einen unser Bauingenieur Dietrich Gülzow, der den vorgegebenen Bautyp so für uns veränderte, dass wir schließlich eine wirklich altersgerechte Wohnung vorfanden und zum anderen unser praktischer Bauleiter Friedrich Schütze, ohne dessen Hilfe und Einsatzbereitschaft wir diese Unternehmung gar nicht hätten starten können.

Wenn ich so zurückblicke, dann erscheinen mir die Genehmigung und der Bau des Bungalows heute als Beispiel idealer Zusammenarbeit vieler Hände und Köpfe. Damals jedoch kamen wir aus dem Staunen nicht heraus, als wir bereits ein knappes Jahr nach Beginn meines Ruhestandes unser neues Häuschen 1978 beziehen konnten.

Mein Beitrag zur Festschrift anlässlich des 150. Geburtstages von St. Peter und Paul auf Nikolskoe im Jahre 1987 trug den Titel „Rückblick auf ein halbes Jahrhundert". Ich habe an dortiger Stelle denn auch die wesentlichen Geschehnisse aus den fünf Jahrzehnten berichtet, die ich mit diesem Gotteshaus aktiv, passiv und schließlich doch wieder aktiv, immer jedoch sehr intensiv, verbunden war und bin. Als ich mich im letzten Jahr hinsetzte, um mit der hier vorliegenden Aufzeichnung zu beginnen, traf es sich glücklich, dass ich mit dem ersten Paar, das ich vor 50 Jahren in St. Peter und Paul getraut habe, deren Goldene Hochzeit feiern durfte. Wir alle haben diesen Umstand als ein echtes Geschenk empfunden.

Die kleine Kirche über der Havel hatte 1932 mit dem Start der musikalischen Vespern am Sonnabendnachmittag ihren Dienst als offene Kirche aufgenommen. Am 12. August 1937, dem Vorabend des 100. Geburtstages war ich es, der die Andacht zur Vesper, begleitet von der Klängen der runderneuerten Orgel, halten durfte. Und auch am Sonnabend vor dem 150. Jubiläum gestaltete ich die musikalische Vesper gemeinsam mit zwei Babelsberger Kirchenmusikern. Ich erinnere mich noch an die Textstelle, die die Schriftgelehrten der Bibel für diesen Tag vorgesehen hatten und las Matthäus Kapitel 16, Vers 1–4: „Da traten die Pharisäer und Sadduzäer zu ihm; die versuchten ihn und forderten ihn auf, sie ein Zeichen des Himmels sehen zu lassen. Aber er antwortete und sprach: Des Abends sprecht ihr: Es wird ein schöner Tag werden, denn der Himmel ist rot. Und des Morgens sprecht ihr: Es wird heute ein Unwetter kommen, denn der Himmel ist rot und trübe. Über das Aussehen des Himmels könnt ihr urteilen; könnt ihr dann nicht auch über die Zeichen der Zeit urteilen? Ein böses und abtrünniges Geschlecht fordert ein Zeichen: doch soll ihm kein Zeichen gegeben werden, es sei denn das Zeichen des Jona. Und er ließ sie stehen und ging davon."

In der kurzen Auslegung, die nach der Lesung üblich ist, sagte ich: „Es schien ein frommer Wunsch zu sein – und war doch mehr, eine Herausforderung. Dieses Gotteshaus, dessen 150. Geburtstag wir gerade begangen haben und doch eigentlich erst morgen richtig feiern dürfen, verdankt seine Existenz einem „Frommen Wunsch", nämlich dem von Charlotte, der Tochter von Königin Luise. Sie hatte anlässlich eines Besuches der Pfaueninsel ihrem Vater gegenüber den Wunsch geäußert: „Wie schön müsste es sein, wenn in dieser herrlichen Landschaft eine Glocke den Feierabend und den Sonntag einläuten würde." Und als die Zeichen der Zeit reif waren, als in dieser Region eine eigene Gemeinde entstand und eine Kirche brauchte, da ging dieser Wunsch in Erfüllung. Der Erbauer dieses Gotteshauses, Friedrich-Wilhelm III. hat sicher damals nicht geahnt, dass diese Stätte einmal so vielen Brautpaaren aus beiden Teilen einer zerrissenen Heimat als verbindende Traukirche dienen würde. Unweit der „Brücke der Einheit", auch heute leider noch eine Trennungslinie, ist dieses Gotteshaus darüber hinaus „Stätte der Einheit" für viele, die hier in immer größerer Zahl ihre Verbundenheit miteinander bezeugen und verwirklichen!"

Ich möchte hier nicht so weit gehen und den Begriff der „Wiedervereinigung" – ins Manuskript schlich sich an dieser Stelle der Tippfehler „WIEvereinigung" ein – unnötig ins Gespräch bringen. Er birgt für allzu viele Menschen unselige Assoziationen, nicht zuletzt für manche unserer europäischen Nachbarn. Ich denke vielmehr, dass es, nachdem wir selbst die schmerzliche Spaltung verschuldet haben, vielleicht gerade unsere historische Herausforderung sein könnte, am Kontaktpunkt zwischen den beiden herrschenden Wirtschaftssystemen und Machtblöcken auf deutschem Boden ein wetteiferndes Neben- oder gar Miteinander für die nächsten Jahrzehnte zu praktizieren. So könnten sich Perspektiven eröffnen, jenseits von Wunschträumen, denen die Dynamik der realen Entwicklung davonläuft. Und noch eins: Wir sollten als Volk der Reformation nie aus den Augen verlieren, dass unter den quälenden Wehen des Zweiten Weltkrieges die schon in Vorkriegsjahren angedachte Oekumene geboren wurde, der Weltkirchenrat sich konstituierte. Auch in diesem Falle wäre es welt- und wirklichkeitsfremd, auf eine Wiedervereinigung der getrennten Kirchen zu spekulieren. Und warum auch? Seit wann ist Vielfalt ein Skandal? Schon im Mutterboden der ältesten Christengemeinden ruhen die Wurzeln zu den verschiedensten Formen der Gestaltwerdung christlichen Glaubens. Skandalös ist hingegen, dass man sogar Kriege anzettelte, um reformatorische Strömungen christusgemäßer Glaubensäußerung zu vernichten. Erst nach dem bitteren Ende des Zweiten Weltkrieges haben wir durch die entstehende Oekumene gelernt, dass keine Kirche, aber auch keine Gruppierung außerhalb der sogenannten Großkirchen die einzige Wahrheit für sich beanspruchen kann! Erst eine Gemeinschaft aller kirchlichen Gruppierungen kommt der Wahrheit vielleicht nahe. Gerade wir als Christen sollten lernen, uns gegenseitig zu achten, ja, zu lieben, um zu erkennen, „Was beim anderen gilt und so zur Vielfalt des Ganzen beiträgt"! Verkörpert sich unser Gott nicht in der Dreifaltigkeit? Und ist er nicht in seiner Dreifaltigkeit dennoch der eine Gott? Seine Schöpfung kennt nicht das Einerlei sondern in allem – auch innerhalb der Menschheit – die Vielfalt. Was für eine Sünde, die andere Hautfarbe zu verachten, zu diskriminieren! Mit Riesenschritten rasen wir auf das letzte Jahrzehnt des zweiten Jahrtausends nach Christi Geburt zu, und jeder, der nachdenkt und hinschaut, sieht und spürt, dass wir dabei sind, die Zukunft der nachfolgenden Generationen in Frage zu stellen. Wir Menschen der Gegenwart haben vielleicht schon zu sehr gezeigt, zu was wir fähig sind: Unsere Erde unbewohnbar zu machen!

All diese Gedanken und Mahnungen entstehen aus meiner Erfahrung heraus, dass das Leben, zumal in diesen Zeiten, erst lebenswert wird in der engen Beziehung zu Gott! In der Besinnung auf unseren derzeitigen Status Quo eröffnet sich uns die Chance zur Erneuerung. Weltweit, so scheint mir doch, wächst die Bereitschaft zum Neuanfang unter neuen Voraussetzungen: Lasst uns das Misstrauen abbauen und lasst das Vertrauen wachsen!

Das Wort muss wieder Geltung erlangen, leeres Geschwätz muss als solches entlarvt werden. Wer Verantwortung tragen will, der darf nicht vergesslich sein, denn dann kann er Verantwortung nicht tragen. Er darf nicht heute das Gegenteil von dem behaupten, was er gestern noch gesagt hat. Einer hat uns den Weg dahin gewiesen und es uns vorgelebt: „Eure Rede aber sei: Ja, ja; nein, nein. Was darüber ist, das ist von Übel." (Jesus Christus) Dorthin müssen wir zurückkehren, im Kleinen wie im Großen, im Alltag des Einzelnen wie im Leben unserer Gesellschaft(en)! Das einmal gegebene Ehrenwort darf nicht länger zur Falschmünzerei verkommen. Ich habe am eigenen Leibe erfahren, dass es dafür nur einen Weg geben kann: Die Bitte um den Geist Gottes! Er allein kann bewahren „vor dem Argen"! Wir Menschen sind „kein ausgeklügelt Buch" – wir Menschen sind verhaftet in und mit unserem Widerspruch in uns selbst. Kain und Abel in einer Person! Wie aber da herauskommen? Die Bibel sagt uns dazu (1. Mose 4, Verse 4–7): „Der Herr sprach zu Kain: Warum ergrimmst du, warum

senkst du deinen Blick? Ist's nicht also? Wenn du fromm bist, so kannst du frei den Blick erheben. Bist du aber nicht fromm, so lauert die Sünde vor der Tür, und nach dir hat sie Verlangen; du aber herrsche über sie!" Trotz dieser Ermahnung geht Kain mit Abel auf das Feld und tötet dennoch den Bruder. Was also heißt „fromm sein"?
Die Antwort darauf ist schlicht und einfach: Frage nach Gott, rechne mit Gott! Das ist das simple Geheimnis lebenswerten Lebens. Niemand unter uns kann immer für sich die Hand ins Feuer legen! Gottes Widersacher lauert hellwach und hat Verlangen nach uns, den Geschöpfen Gottes. „Groß Macht und viel List sein grausam Rüstung ist." singt Martin Luther; auch er, ein Gott-Gehorsamer, hat den Versucher leibhaftig erfahren und gespürt. Eben darum war er immer ein intensiver Beter, denn nur so konnte er alle Ängste und Furchtsamkeiten, wie er gern freimütig bekannte, bezwingen lassen! Ja, ich lebe nun schon seit langem im Ruhestand, und ich bekenne gern, dass das Gebet seitdem meine intensivste Beschäftigung geworden ist. Endlich habe ich mir angewöhnen können, morgens – manchmal schon sehr früh – das ungestörte Gespräch mit Gott zu suchen und alles andere, das auf mich eindringen möchte, mit Seinem Beistand abzuwehren. Zwar höre ich nicht gerade Gottes Stimme, aber dennoch finde ich Frieden, Trost, und auch Freude, trotz aller möglichen Sorgen um meine Lieben und Beschwernisse eines Lebens in der DDR, die mich auch jetzt noch häufig belasten. Meine Frau und ich haben immer gemeinsam um das Geschick unserer Kinder gebangt und gebetet, dass sie einen geraden und klaren Weg für sich finden möchten, ohne faule Kompromisse und Zugeständnisse.
Das Grundsatzgespräch zwischen Staat und Kirche im März 1978, durch das viele positive Veränderungen eingeleitet wurden, das war zwar gewiss ein Ergebnis der mühsamen Vorarbeiten von Bruder Schönherr und Manfred Stolpe; gewiss aber war es auch die Frucht der vielen Gebete der Christen in der DDR. Sie hatten nie aufgehört zu glauben, dass Gott auch in unserem Staat die Erkenntnis wachsen lassen würde, dass der christliche Glaube kein absterbendes Relikt vergangener Zeiten, sondern ein lebendiges, reales Teilstück der Gegenwart ist, deutlich sichtbar im Wirken der Inneren Mission beim Einsatz für die Behinderten, Schwachen und Alten.
Der Dialog zwischen Obrigkeit und Kirche konnte aber, und das muss hier betont werden, erst zustande kommen, als Honecker die Macht übernahm. Sein Vorgänger Ulbricht hatte sich niemals gesprächsbereit gezeigt, war viel zu sehr in den Vorstellungen des Stalinismus verhaftet, und damit der Ablehnung alles Christlichen. Aber auch Stalin hatte bei all seiner Macht und Strenge schon zu

Beginn des sogenannten Vaterländischen Krieges zur Abwehr des deutschen Aggressors erfahren müssen, dass es in der UdSSR immer eine Kirche im Untergrund gegeben hatte. Er musste dies letztlich akzeptieren, rehabilitierte schließlich nach der deutschen Katastrophe von Stalingrad die kirchlichen Institutionen und setzte wieder einen Patriarchen in Moskau ein. Was ich damit sagen will ist, dass unsere Generation neben all den vielen bitteren Erfahrungen eben auch hat erleben dürfen, dass Martin Luther recht behielt mit seiner Aussage: „Mit dem Gebet bewegst du den Arm Gottes und hast teil an Seinem Weltregiment!"

Ich bin mir sicher, dass wir uns auf der Schwelle zu einer neuen Zeit befinden; nicht umsonst entstand der neue Begriff des „New Age" (Neues Zeitalter). Ebenso gewiss ist dieser Weg mit vielen Steinen gepflastert; das Gift des gegenseitigen Misstrauens hat, leider nicht immer unberechtigt, sehr sehr lange, über Jahrzehnte hinweg, seine Wirkung entfallen dürfen. Doch können wir unserem Gott als dem treuen Vater unseres für uns geopferten und wiedererweckten Bruders Jesus Christus bedenkenlos vertrauen und darauf bauen, dass er „keinem von uns ferne" ist. Dieser Glaube ist noch niemals vergeblich gewesen! Zwar hat Er's oft anders gefügt, als wir's uns erhofft hatten, doch hat sich nicht letztlich immer alles zum Besseren gewendet? Er allein ist in der Lage, aus den schweren Irrtümern und verhängnisvollen Fehlentscheidungen der Vergangenheit die Früchte für eine segensreiche, bessere Zukunft reifen zu lassen.

Betrachten wir doch einmal das schreckliche Erdbeben in Armenien, das um das Jahresende 1988 die gesamte Welt mit erschütterte. Hat hier nicht Gott einem der ältesteten christlichen Völker stellvertretend für alle eine furchtbare Last aufgebürdet, um die Menschheit zur Besinnung zu bringen? Vielleicht hat Er gerade diesem Volk diese schwere Prüfung auferlegt, weil Er wusste, dass der Glaube dieser Menschen dort getragen wird von unerschütterlicher Zuversicht: „Gott legt uns eine Last auf, aber Er hilft uns auch" (Psalm 68, Vers 20). Die weltweit anlaufende große Hilfsaktion, geboren aus weltumspannender Betroffenheit, könnte doch ein Zeichen sein, für die Wechselwirkung zwischen Zerstörung und Wiederaufbau. Oder wollte Gott vielleicht den allzu plötzlich hervorbrechenden Unabhängigkeitswillen der Armenier bremsen? „Keinem von uns ist Gott fern", das kann die Zuchtrute des Vaters sein, die heimsucht, um zur Besinnung zu rufen! Gott besitzt viele Mittel und Wege seinen Willen zu zeigen, wir Menschen aber, die wir Ihn immer wieder enttäuscht haben, haben nicht das Recht, Ihn zur Rechenschaft zuziehen!

Das Jahr 1988 wurde mir noch einmal zur lebendigen Erinnerung an meine Prädikantenzeit 1938 in St. Peter und Paul auf Nikolskoe. In den zwölf Jahren seit

Beginn meines Ruhestandes hatte ich, gemäß meinem Versprechen von 1961, wieder viele Vertretungsdienste dort übernommen. Nun aber, an einem Sonntag im Oktober, wollte ich mich mit einem letzten Gottesdienst verabschieden, denn mir erschien es sinnvoll, auf der Höhe meiner Kräfte abzutreten und nicht auf die ersten altersbedingten Lücken zu warten. Bei diesem feierlichen Anlass im Kreise einer zahlreich erschienenen Gemeinde durfte ich noch einmal, sehr zu meiner Freude, mit den beiden mir vertrautesten Kirchenmusikern, dem Ehepaar Wolfram Iwer (Organist) und Adele Stolte (Sopranistin), zusammenarbeiten und mit ihnen gemeinsam den Gottesdienst gestalten. Entgegen meiner üblichen Gewohnheit, der Predigt den für den Tag festgelegten Text zu Grunde zu legen, wählte ich diesmal den Wochenspruch, der mir der passende Fingerzeig Gottes für diesen Tag zu sein schien: „Es ist dir gesagt, Mensch, was gut ist, und was der Herr von dir fordert: Gottes Wort halten, Liebe üben und demütig sein vor deinen Gott!" (Micha 6, 8)
Ich möchte meine Aufzeichnungen an dieser Stelle mit einigen Sätzen aus meiner damaligen Predigt in St. Peter und Paul auf Nikolskoe beschließen:
„Im hebräischen Text steht für Mensch das ursprüngliche Wort Adam. Schon auf den ersten Seiten der Heiligen Schrift ruft Gott nach ihm: Adam, wo bist du? Weil er versagt hatte, hatte er sich hinter seiner Frau Eva versteckt; doch mit Gott kann man nicht Versteckspielen, das sagte uns schon der Eingangspsalm! Gottes Computersystem sprengt alle auch jetzt und heute gültigen Maßstäbe, gerade die, die uns ja nicht an den Abgrund gezerrt haben, der sich für die Zukunft vor uns aufzutun scheint. Darum heute und hier dieser Anruf: Adam, du von der Adamah, von der Erde Genommener, höre doch: Du bist Gott nicht gleichgültig; Er kümmert sich um dich; Er lässt dich wissen, was dir Hilfe bringt, ja, was notwendig ist. Dreiklänge tun unseren Ohren wohl, sie beruhigen uns. Der Dreiklang nach Gottes Willen, der durch unseren Alltag klingen soll, heißt: Gottes Wort halten – Liebe üben – Demut vor Gott! Wie nötig ist uns das, die wir das Augenmaß verloren haben für die Wertbegriffe! Wir verherrlichen und umjubeln Menschen, die die Leistungsgesellschaft verkörpern, die eine kleine Minderheit darstellen, und wir sind lieblos und eigensüchtig gegenüber denen, die nicht ohne unsere, vor allem der Europäer, Schuld am Hungertuch nagen und selbst nicht mehr die Kraft haben! Man kann die dritte Mahnung auch übersetzen: „Wandle in Bescheidenheit mit deinem Gott!" Hier liegen neue Möglichkeiten für einen besseren Weg in eine bessere Zukunft, die für alle offen stehen könnte! Gottes Wille ist „der neue Himmel und die neue Erde" (nach 2. Petrusbrief und Offenbarung des Johannes 21). Die Zeichen der Zeit, die auch Jesus

Nach dem Abschiedsgottesdienst mit Ehefrau Brigitte, 1988

Christus benannt hat (Lukas 21), sind nicht zu übersehen und zu überhören! Genügend Leidvolles geschieht – nicht zuletzt durch uns Menschen. Was mutet der Mensch dem Menschen zu? Was Gott geschehen lässt, das haben wir nicht zu kritisieren: Warum lässt Gott das alles zu? Er ist der alleinige Souverän auf und über dieser Erde! Er lässt uns aber wissen, was wir zu tun haben: Nach Seinem Willen zu fragen, uns zu bemühen, seine Werkzeuge zu sein, bescheiden, nicht anspruchsvoll!"

Diese einfachen Regeln zu beherzigen, war über eine weite Strecke meines Lebens mein Anspruch – leider nicht immer! Doch in all den vielen Jahren lernte ich mehr und mehr, seine Spur in meinem Leben und in dem der Meinen zu erkennen! Wirklich zu leben begann ich erst, als ich die Wahrheit in den Paulusworten „Ich lebe, doch nun nicht ich, Christus lebt in mir", begriffen hatte. Immer dann, wenn ich auf Zuneigung und Verständnis stieß, dann war Er der Handelnde; so manches Mal aber wollte ich auch zu sehr ‚Ich-Selbst' sein; und dann traf ich, um es mit den Worten Luthers zu sagen, ihn, „meinen alten Adam", zänkisch, streitsüchtig, unleidig und gewiss nicht hilfreich!

Am Abend vor meinem 77. Geburtstag, dem 5. Februar 1989, beendete ich diesen ersten Teil meines Manuskripts. Wenige Tage vorher war mir zufällig eine

Spruchkarte in die Hände gefallen, mit einem Zitat von Jochen Klepper, das den Inhalt all dieser Seiten wunderschön auf den Punkt bringt:

„Alles gibt Gott – ich aber lebe – um Gott zu erfahren!"

Ich glaube, das bewusste Erfahren von Gott fällt oftmals in die Zeit unseres Ruhestandes! Dann erst beginnt endlich der Lebensabschnitt des Zeithabens, die Muße zur echten Zwiesprache mit Gott, ohne all die vielfältigen, drängenden Pflichten des Alltags. I.R., dieses Kürzel habe ich immer mit „in Reichweite" übersetzt; in Reichweite für alle Arten von Hilfeleistungen, die ich übernehmen oder ablehnen, immer aber freizügig einplanen konnte. Es bedeutet aber auch, „in Reichweite für Gott zu sein", und so zu erleben und zu erfahren, was Gott für mich bedeutet, nicht durch Worte, sondern durch die Kraft, die er mir immer wieder schenkt!
So wiederholte sich noch einmal meine Erfahrung kurz vor Kriegsende in Dänemark. Die Zwiesprache wurde immer ausgedehnter, meistens eine Stunde und mehr! Meine Fürbitte umfasst alles, was unser gemeinsames Leben ausmacht: Familie, Verwandte, Freunde und Bekannte, Nachbarn, Amtsbrüder und auch die alten Widersacher, das allgemeine Zeitgeschehen und die drängenden Fragen nach einer gerechten Lösung für die Probleme der Welt. Ich erfahre tagtäglich den wortwörtlichen Sinn des Satzes: „Lass dir an meiner Gnade genügen; denn meine Kraft ist in den Schwachen mächtig". (2. Korinther 12, Vers 9)
Freilich muss ich auch des öfteren bitten: „Lieber Herr, wehre doch dem Widersacher, der mich am Gespräch mit Dir hindern will!" Doch auch des Widersachers „Spiel mit mir" dient letztlich nur dem Ziel, Gott noch intensiver zu begegnen, seinem Beistand und seiner Hilfe. Glauben ist kein fester Besitz – er muss immer neu erarbeitet werden!
Möge diese, meine Erfahrung vielen zuteil werden, die nach dem rechten Sinn des Lebens fragen. Aus diesem tiefen Wunsch heraus habe ich diese Seiten gern niedergeschrieben.

Gedanken zur Wendezeit
Nachtrag von 1989 bis 1992

Anlässlich meines letzten Gottesdienstes auf Nikolskoe 1988 war auch Herr Bormann von der ARD anwesend. Ein kurzes Gespräch zwischen uns endete mit der Frage seinerseits: „Welcher Wunsch begleitet sie nun ab heute nach diesem Abschied?" Meine Antwort lautete: „Möge der Tag nicht mehr fern sein, an dem die „Glienicker Brücke' ihrem augenblicklichen Namen entspricht und wir Potsdamer sie wieder ungehindert benutzen können. Und dass ich das noch erlebe!" In den folgenden Monaten übte ich noch bei einigen Trauungen und Taufen im Verwandten- und Freundeskreis meinen Dienst in St. Peter und Paul aus. Im Juni 1989 fragte mich die Küsterin, Frau Zwank, ob sie mich nicht doch noch einmal um eine Vertretung bitten könne. Ich besprach mich darüber mit meiner Frau und erklärte mich dann bereit, den Gottesdienst am Bußtag zu übernehmen. Ich wusste, dass Bruder Heidemann sich für diesen Tag gern eine Vertretung erbat, da er im Anschluss an den Gottesdienst immer einen Vortrag zu halten pflegte.

Pfarrer Strauss mit Herrn Bormann, 1988

Inzwischen brodelte es auf der politischen Ebene, die Anzeichen für einen Wandel mehrten sich. Da bot sich mir gerade für den Bußtag die Epistel in besonderer Weise an: „Weißt du nicht, dass dich Gottes Güte zur Umkehr ruft ?" (Röm. 2.4)

Die Unruhe wuchs von Tag zu Tag. Der 40. Jahrestag der DDR verfehlte seine beabsichtigte Höhepunktwirkung. Das Gestammel Honeckers über den noch langen Bestand der Mauer erwies sich als töricht. Entsetzt waren viele von seinem Hinweis in der Festrede auf die beiden guten Freunde, die wir hätten – China und Rumänien! Damit war seine Planung klar umrissen. Besonders dringlich wurde deshalb unsere tägliche Fürbitte um rechten Beistand für die Kräfte, die den öffentlichen Einsatz wagten, um Veränderungen „ohne Gewalt" herbeizuführen. Durch die Öffnung der Grenzen für Flüchtlinge aus der DDR in Richtung Westen in unseren territorialen Nachbarländern, vor allem in Ungarn, kam der Stein ins Rollen. In Leipzig, Berlin, Dresden und anderen Städten der DDR gingen die Menschen auf die Straße. Es kam zu großen Demonstrationen, die deutlich zeigten, dass für die Bevölkerung „das Maß voll war". Seit einigen Jahren schon machten Fürbittenandachten in verschiedenen Kirchen offenkundig, dass Kräfte, nicht nur kirchlich orientierte, den gewährten Freiraum kirchlicher Einrichtungen nutzten, um Kritik an den Zielen der SED-gesteuerten Staatsführung zu üben und einen Wandel in den politischen Machtstrukturen anzustreben.

Im Zuge der Ereignisse verlangte schließlich das Politbüro Honeckers Rücktritt, der dann auch erfolgte, wobei gesundheitliche Gründe vorgeschoben wurden. Die Einnahme seines Platzes durch Egon Krenz konnte jedoch die Lawine nicht mehr aufhalten. Der Rücktritt des gesamten Politbüros leitete schließlich die Wende ein. Am 9. November 1989 begann an mehreren Stellen die „behutsame Öffnung" der Mauer und am 11. November auch an der Glienicker Brücke. Von „Brücke der Einheit" war nicht mehr die Rede. Die Einheit begann sich zu realisieren – ohne dass ein Schuss gefallen war. Wie sehr hätte ein Erich Mielke (Minister für Staatssicherheit der DDR, Anm. d. L.) diesen erwartet, ja sich selbst bemüht, ihn herbeizuführen.

Die Äußerung eines verantwortlichen Offiziers am Brandenburger Tor, die das Fernsehen übertrug, war mir bedeutsam: „Ich begreife nicht, dass kein Schuss gefallen ist!" Wille und Hoffnung der unzähligen Demonstranten „Ohne Gewalt" hatte sich durchgesetzt.

Die biblische Verheißung, die bereits durch die Weitergabe des Prophetenwortes (Jes. 2,4): „Da werden sie ihre Schwerter zu Pflugscharen und ihre Spieße

zu Sicheln machen. Denn es wird kein Volk wider das andere das Schwert erheben und sie werden hinfort nicht mehr lernen, Krieg zu führen", Unruhe in den „Schnüffelstuben der Obrigkeit" erregte, hatte oft im Mittelpunkt der Fürbittenandachten gestanden. Von diesen Gedanken bewegt, konnten wir nun im Kreise der Familie, nachdem sich mein Wunsch – der von unzähligen Menschen geteilt wurde, bereits nach einem Jahr erfüllt hatte – unseren Weg über die „Glienicker Brücke" zur Buß- und Bettagsandacht nach St. Peter und Paul auf Nikolskoe nehmen. Welch ein Gefühl nach 29 Jahren! Hier dann auch wieder stürmische Begrüßung, wie damals, als ich nach 16-jähriger Trennung von Nikolskoe am Sonntag nach meinem 65. Geburtstag erstmals wieder an vertrauter Stätte Dienst tun konnte. Dieses Mal durfte ich es in der Erinnerung an den ersten Bußtag vor 50 Jahren tun, der nicht mehr wegen des gerade begonnenen Krieges staatlich geschützter Feiertag war. So war dann auch der Übergang zum eigentlichen Thema dieses Buß- und Bettages gegeben (Röm. 2,1–4) „Darum, o Mensch, kannst du dich nicht entschuldigen, wer du auch bist, der du richtest. Weißt du nicht, dass dich Gottes Güte zur Umkehr leitet?" – Martin Luther hat ja das Wort, das eigentlich „Sinneswandel" heißt, mit dem Wort „Buße" übersetzt, und heute leider ein „Schlagwort" geworden ist. Ihm fehlt die „Tiefenwirkung", die dem ursprünglichen Wort „Metanica" innewohnt.
„Sinneswandel" meint doch eigentlich, dass etwas in Bewegung gerät, unsere Gesinnung, unsere Lebenseinstellung, unser Verhalten. Unser Gott, der uns am Bußtag zur Besinnung rufen will, meint unseren ganzen Menschen. „Komm doch zur Vernunft", ruft Er uns zu! Es wird für uns immer darauf ankommen, uns zu fragen: Sehe ich die Spuren des Handelns Gottes im Gang des Zeitgeschehens? Wir Menschen sind leider leicht geneigt zu fragen: Wie kann Gott das zulassen, was an Natur- oder Menschheitskatastrophen auf dieser Erde geschieht? Kann Gott das zulassen, was wir Menschen einander antun? Fragen wir uns aber auch am Abend oder am Morgen, was wir anderen Menschen angetan oder zugefügt haben? Buß- und Bettag soll uns daran erinnern, was wir versäumt, was wir falsch gemacht haben, dass es leider auch so „unmenschlich" in unserer Umwelt zugeht! Gott selbst hat für den geordneten Weg von uns Menschen den Anfang gesetzt.
Unsere Bibel, das Buch der Bücher, zeigt uns vom Beginn an einen Gott, der sich um uns kümmert, dem wir nicht gleichgültig sind. Er hat den Menschen gewollt in der Doppelgestalt von Mann und Frau.
„Es ist nicht gut, dass der Mensch allein sei", lautet der erste Gedanke Gottes in der Fürsorge für den Menschen. Diese Fürsorge Gottes findet eben ihren

Ausdruck in dem, was Gott an Weggeleit für den Menschen geschehen lässt. Er lässt in der Geschichte von Kain und Abel den Bruder dem Bruder begegnen. Doch diese Begegnung ist absolut nicht „brüderlich". Als Gott Kain nach seinem Bruder Abel fragt, antwortet dieser: „Soll ich meines Bruders Hüter sein?" In dieser Gegenfrage begegnet uns der Mensch, bei dem der Selbsterhaltungstrieb zum Egoismus geworden ist. Gott spürt die Gefahr, in der Kain befangen ist und warnt ihn – überlässt ihn nicht sich selbst. Er fährt fürsorglich fort: „Bist du fromm, so kannst du frei den Blick erheben, senkst du ihn aber, so lauert das Böse vor der Tür, und nach dir hat es Verlangen!" „Du aber herrsche über dem lauernden Bösen!" Das ist Gottes Ziel mit uns Menschen. Hier aber sind wir, seit dem ersten Menschen, immer die Unterlegenen, weil Gottes Widersacher stärker ist als wir. Allein mit Gottes Beistand können wir dem Bösen in uns widerstehen! Diese Freiheit hat uns Gott zugestanden: Auf seinen Beistand zu hoffen, ihn zu erflehen, statt uns selbst zu vertrauen. Hinter diesem trotzigen Selbstvertrauen verbirgt sich Gottes Widersacher. „Nach dir hat er Verlangen", sagt Gott zu Kain! Unser Zollstock ist falsch geeicht und lässt uns das Maß verlieren.

Alle Tyrannen und Gewaltherrscher sind die beredten Beispiele – aber auch jeder, der dem Grundsatz huldigt: Jeder ist sich selbst der Nächste, ist ein Beispiel für diese Tatsache. Um uns Menschen von Anbeginn vor Fehlentscheidungen und Fehlverhalten in unserem Leben zu bewahren, hat Gott seinem Volk, dem Volke Israel, die 10 Gebote gegeben. Jemand hat sie in unseren Tagen „das Geländer am Abgrund unseres Lebens" genannt und damit treffend zum Ausdruck gebracht, wie notwendig sie für das Leben in der Gemeinschaft, ja in der menschlichen Gesellschaft sind! Zu ihnen müssen wir zurückfinden und zurückkehren, wenn wir unseren Nachkommen eine bessere Zukunft bereiten helfen wollen. Unsere traurige Gegenwart unter dem Tyrannen „Gewalt" ist der schlagende Beweis für die Notwendigkeit unserer Hinwendung zu den Worten Jesus: „Du sollst Gott deinen Herrn lieben ... und deinen Nächsten wie dich selbst."

Bald nach diesem Gottesdienst kommt die Nachricht aus Sacrow, dass der Gemeindekirchenrat anstrebt, nach 28 Jahren erstmals wieder am Heiligen Abend die Christvesper in seiner, allerdings bisher nur äußerlich wieder hergestellten, Heilandskirche zu feiern. Er wandte sich an die zuständigen Berliner Stellen, um dies zu erreichen. Tatsächlich gelang es auch! Unter Mithilfe vieler Gemeindeglieder konnte das Innere des Gotteshauses einladend hergerichtet worden. Für mich war es ein besonderes Geschenk und Erlebnis, dass mein Amtsnachfolger in Sacrow, Bruder Günter Schalinski, mich um diesen ersten Predigtdienst nach fast drei Jahrzehnten bat. Ich durfte von einer Wallfahrt sprechen, die sich hier ereignete. In der überfüllten Kirche, die sogar durch spendenfreudige Helfer beheizt worden war und nicht nur sie selbst, sondern zu einem großen Teil auch ihr Umfeld, konnte ich die Botschaft von der durch die Christgeburt offenbar gewordenen, von Gott vollzogenen Tuchfühlung mit uns Menschen verkündigen. In der Vorsorge, dass mich diese Aufgabe doch überwältigen könnte, hatte ich mich mit einem Konzept versehen. Doch das mich erfassende Glücksgefühl ließ mich bei der mir eigenen Predigtweise bleiben und Auge in Auge die Botschaft an die Gemeinde weitergeben, die aus Ost und West eins war in der dankbaren Ergriffenheit darüber, wieder beieinander zu sein und miteinander jubeln zu dürfen: Christ der Retter ist da! Dieses Gotteshaus war durch Mauer und Stacheldraht bewusst dem Untergang preisgegeben worden, durch eine Diktatur, die sich auf ihre Fahnen geschrieben hatte, alles zu tun, damit in spätestens einem halben Jahrhundert die Kirche und ihre Botschaft überflüssig sein würden. Doch die überfließende Güte und Gnade Gottes machte dieser Tyrannei ein Ende! Das ist meine Gewissheit, und ich sagte das in dieser Stunde und vor der anwesenden Gemeinde mit den Worten des Psalmsängers: „Das ist vom Herrn geschehen und ist ein Wunder vor unseren Augen!".

Besucher des Gottesdienstes der Heilandskirche in Sacrow am Heiligen Abend 1989

Mit diesem zentralen Satz möchte ich den „Einblick" in diese Christvesper beenden und nochmals die Verbindung herstellen zu dem mir so wichtigen Bußtag und seiner Aussage von der Güte Gottes! Indem Gott mit dem Kind in der Krippe und seiner Hilfsbedürftigkeit deutlich machte wie tief Er sich hineinbegibt in die Bereitschaft, uns in sein Herz blicken zu lassen, legt Er den Grundstein für die Offenbarung seiner Liebe zu uns Menschen. Sie findet ihren tiefsten Ausdruck in der Hingabe des Sohnes am Kreuz! Wer so seine Schöpferallmacht in der Erniedrigung preisgibt, im Sohnesopfer, der allein ist anbetungswürdig. Darum schreibe ich diese Zeilen auf, damit wir, die wir nicht nur auf eine Jahrhundert-, sondern auf die Jahrtausendwende zugehen, unter den offenbarenden Zeichen der Zeit erkennen lernen, ja uns ermahnen lassen: Wisset ihr nicht, dass Gottes Güte zur Umkehr führt? Ein paar Hinweise sollen unsere Blicke auf diesen Weg Gottes durch die Zeit lenken, auf Spuren, die uns sein gütiges, nicht tyrannisch-vollmächtiges, Handeln erkennen lassen. Es geht nicht um den „lieben Gott", der unsere Bitten erfüllt, sondern um den Gott der Liebe, der uns das ewige Ziel gesetzt hat, als seine Kinder einmal Zuflucht finden zu dürfen in seinem Vaterhause.
In die Geschichte eingegangen ist seit ältester Zeit das Volk Israel als „Gottes eigenem Volk". Die Bibel berichtet, dass Gott Ur in Chaldäa vor fast 6000 Jahren, etwa soweit reicht nach seiner Zeitrechnung die Geschichte Israels zurück ,anrief und aufforderte: „Abram, gehe aus deiner Heimat in ein Land, das ich dir zeigen werde, in das ich dich führen will!" Die Bibel nennt dieses Volk „Sem". (In der Menschheitsgeschichte könnte es das Volk der Sumerer sein.) Gott lässt diesen Mann nun nicht allein, überlässt ihn nicht „seinem Schicksal". Er stellt ihn vielmehr unter eine Verheißung: „Ich will dich segnen und in dir sollen gesegnet sein alle Geschlechter auf Erden!" (1. Buch Moses Kap. 12, 3) Abram blieb Gott wirklich treu, war sogar bereit, seinen ersten Sohn Gott zum Opfer zu bringen (Kap. 22). Die Geschichte bezeichnet ihn als „Vater des Glaubens". Seine Nachkommen hielten es nicht so mit dem Gottvertrauen. Dennoch wurde Gott aber nicht müde in seiner Liebe zu seinem Volk. Er brachte es in einer vierzigjährigen Wanderung, nach dramatischer Befreiung aus der ägyptischen Knechtschaft, in die ihm zugedachte Heimat Kanaan. Auf dem Wege dorthin beschenkte er Moses mit den 10 Geboten. Ohne sie und ihre Lebensgrundlagen kommt keine menschliche Gemeinschaft aus, ohne größten Schaden zu nehmen. Unsere jüngste Vergangenheit in der ehemaligen DDR ist ein beredtes Zeugnis dafür!

Unter Gottes freundlicher Führung im Gebiet der Kanaaniter angekommen, enttäuscht Gottes Volk seinen Behüter und Begleiter. Gott selbst wollte der Hüter dieses Volkes bleiben und Richter sollten über die Gebote und ihre Gültigkeit wachen. Doch das Volk hatte in der neuen Umwelt, unter den anderen Völkerstämmen erfahren, dass sie alle von Königen regiert wurden. So wollte Gottes Volk, das inzwischen den Namen eines der zwölf Stämme des Volkes „Israel" trug, auch einen König haben. Damit hatte es im Grunde Gott den Gehorsam aufgekündigt. Gottes Verheißung gemäß hatte Israel aber nicht viel Glück mit seinen Königen. Sie brachten es mithin ins Verderben. David und Salomo hielten Gott die Treue, obwohl auch David ihn einmal sehr enttäuschte. Darum durfte er Gott keinen Tempel bauen! Sein Sohn Salomo (Friederich), Träger des Schalom, war ganz nach Gottes Wohlgefallen. Als er nach David die Regierung anführen sollte, bat er Gott um Beistand mit folgenden Worten, die uns überliefert sind: „Du hast deinen Knecht zum König gemacht. Ich bin noch jung, weiß weder aus noch ein. So wollest du deinem Knecht ein gehorsames Herz geben, damit er dein Volk richten könne und verstehen, was gut und böse ist!" Das gefiel Gott wohl! Er segnete ihn mit Weisheit und verständigem Herzen, dass, so heißt es weiter in der Überlieferung, seinesgleichen vor ihm nicht gegeben hat und auch nicht wieder kommen wird. Tatsächlich fiel unter seinem Sohn Rehabeam das Reich auseinander, in die Teile Israel und Juda. Israel ging schon bald, im Jahre 722 v. Chr., mit der Belagerung durch die Assyrer und teilweisen Verschleppung der Bevölkerung unter. Juda folgte Mitte Januar 588 durch die Belagerung Jerusalems und nachfolgende Zerstörung der Stadt und des Tempels im Jahre 587 durch den Babylonierkönig Nebukadnezar. Anschließend wurde der größte Teil des Volkes Juda in die babylonische Gefangenschaft weggeführt.
Während Israel durch die Völkervermischung gänzlich unterging, konnten unter dem Perserkönig Cyrus ab 537 die Judäer wieder nach Juda zurückkehren, Jerusalem und den Tempel wieder aufbauen. Den Persern folgten schließlich die Römer, die in diesem Gebiet die Herrschaft antraten. Diese zerstörten nach mehreren Aufständen der Baccabäer die Stadt Jerusalem mit dem Tempel im Jahre 70 n. Chr.
Seitdem hatten die ehemaligen Bewohner Judäas keine eigene Heimat mehr, weil sie von den Römern gänzlich vertrieben wurden. Sie wurden mehr und mehr „Weltbürger", verstreut unter viele Völker, bis nach dem zweiten Weltkrieg Israel wiedererstand. Das geschah zwar gegen den Willen der arabischen bzw. palästinensischen Staaten, aber die Nachkommen Abrahams, Isaaks und Jakobs sind in

die ihnen einst von Gott anvertraute Heimat zurückgekehrt und müssen sich mit den anderen Völkern und Staaten des dortigen Gebietes „arrangieren". Sie, die einst von den Römern verjagt wurden, weil sie sich gegen deren Unterdrückung auflehnten. Die Bewegung des Zionismus hatte die „Sehnsucht der Zerstreuten" über die Jahrhunderte wachgehalten! So ist das Heimatanrecht von Israel legitim – bis heute!
Die Güte Gottes wird für mich im weiteren Weg seiner Kirche, die der Israelit Saulus-Paulus das geistliche Israel nennen kann, deutlich. Jesus Christus hatte als Sohn des Stammes Juda, als Nachkomme des Königs David sein Volk, das sich im Machtrausch verirrt hatte, zurückrufen wollen auf die Wege Gottes. Mit dem Blick auf die Stadt Jerusalem sagte er seinen Zuhörern, wie es uns in seinen Evangelium berichtet wird: „Ich habe euch sammeln wollen, wie eine Henne ihre Küken unter ihre Flügel sammelt, aber ihr habt nicht gewollt!" Sie hatten sich einen anderen Messias gewünscht, einen, der mit Macht und Gewalt die Römer aus ihrem Lande, ihrer Heimat vertreiben würde. Sie hatten einen Mächtigen erwartet nach ihrem Sinn. Der Träger des wahren Schalom war nicht nach ihren Geschmack, „reitend auf einem Esel als Bote des Friedens". Diese Botschaft haben die Mächtigen dieser Welt, insbesondere auch die römischen Kaiser, nicht hören wollen. Sie selbst wollten angebetet werden. Darum haben sie in den ersten Jahrhunderten Jesu Gefolgsleute, die sie Christianer nannten, mit brutaler Gewalt auszurotten versucht. Bis Kaiser Konstantin, dessen Mutter Christin war, sich selbst zu diesem Jesus von Nazareth bekannte. Damit wurde diese Glaubenslehre staatstragende Kraft. So positiv diese Entwicklung für die bis dahin verfolgten Christenleute auch war, so wird doch seit langem bezweifelt, ob es gut war, dass eine christliche Staatskirche entstand. Denn in dem gleichen Maße, in dem die Kirche Einfluss auf das öffentliche Leben gewann, wurde sie anfällig für den Gebrauch der Mittel der Macht. Die Spur Gottes wird darin erkennbar, dass mitten in dieser Machtentfaltung das Mönchtum entstand, das sich derer annahm, die trotz dieser staatskirchlichen Pracht- und Machtentfaltung zu kurz kamen, übersehen oder vergessen wurden. Die verschiedenen Orden gingen verschiedene Wege in ihrer Glaubensgestaltung, gemeinsam war ihnen die Glaubensregel „Ora et labora – bete und arbeite"! Manches Mal mit der Erklärung verbunden: Bete, als hülfe kein Arbeiten, arbeite, als hülfe kein Gebet!
Mehr und mehr verfiel die Kirche dem Machtrausch. Im Jahre 1077 musste Kaiser Heinrich IV. barfuß in Canossa vor dem Papst „zu Kreuze kriechen". Die christliche Kirche hatte alle Macht gewonnen, aber Gott hatte sich von dieser

Kirche abgewandt! Er hatte es zugelassen, dass der Islam – allerdings auch mit der Gewalt des Schwertes, bis nach Zentraleuropa vordringen konnte. Da rief der Papst in der Not zu den Kreuzzügen auf, nicht etwa zum Schutze Roms, sondern um das Heilige Land wieder aus den Händen des Islams zu befreien! Fast gleichzeitig regten sich im Raum der Kirche Erneuerungsbewegungen, die zunächst in Gestalt einzelner Männer, wie Savonarola, Wiclif und Hus vor die Öffentlichkeit traten. Doch war ihre Wirksamkeit sehr beschränkt, da die Möglichkeiten, ihre Gedanken zu verbreiten, außerordentlich begrenzt gewesen sind. Da schenkte Gott dem Manne: Johannes Gensfleisch zum Gutenberg den Gedanken, den Druck mit beweglich gegossenen Lettern und damit den Buchdruck zu erfinden. Bald nachdem er die erste lateinische Bibel gedruckt hatte, wurde Martin Luther geboren. Ihn drängte Gottes Geist zum persönlichen Studium der Bibel, obwohl sein Vater andere Pläne mit ihm hatte. Das eingehende Studium der Heiligen Schrift brachte Luther zu Erkenntnissen, die ihn zwangen, am 31. Oktober 1517 die 95 Thesen an die Tür der Schlosskirche zu Wittenberg zu heften.

Die gerade geborene Kunst das Buchdruckes ermöglichte es, dass diese Kritik an der weithin verweltlichten Kirche in wenigen Wochen in ganz Deutschland verbreitet werden konnte. Durch diese Hilfe kam es zu einer wirklich zutiefst innerlich erneuerten Kirche. Bei Luthers Tod bekannten sich fast 90 Prozent der Deutschen zum echten, vom Evangelium erneuerten Glauben. Luther wollte keine neue – etwa eine Lutherische-Kirche. Er wollte vielmehr die von der Tiefe der Glaubenserkenntnis erweckte Kirche.

Gott stand zu seiner Kirche. Er begleitete sie durch die Jahrhunderte bis in unsere Zeit – auch hier in Europa, das ja seit Karl dem Großen weithin vom Christusglauben geprägt und bestimmt war. Gerade als sie eine verfolgte und bedrohte Kirche war, besonders in der Sowjetunion und in Deutschland. Das Staatskirchentum war nicht „nach dem Herzen Gottes". Hitler hatte zwar mit der Bejahung eines „positiven Christentums" einen geschickten Schachzug getan, doch die Praxis sah nach der „Machtergreifung" anders aus.

Zu den Maßnahmen Stalins bestand zwar ein wesentlicher Unterschied, aber eine „verfolgte Kirche" hatten wir hier auch. Die Katakombenkirche der Sowjetunion erlangte nach dem Sieg bei Stalingrad mit der Einsetzung des Patriarchen von Moskau eine gewisse Wirkungsmöglichkeit, doch erst unter Gorbatschow wurde sie wieder völlig frei! Hoffentlich entartet sie nicht erneut zur Staatskirche.

Gott hatte einst während der babylonischen Gefangenschaft seines Volkes Israel den Perserkönig Cyrus zu dessen Rettung eingesetzt und ihm die Rückkehr in

deren Heimat sowie den Wiederaufbau des Tempels ermöglicht. Das Volk Israel hatte es jedoch weithin am Dank Gott gegenüber fehlen lassen. So hat es mich auch jetzt in der Gegenwart besonders schmerzlich berührt, dass nach der Wende, die auch von der Kirche mit herbeigeführt worden war, eine nicht unerhebliche Zahl von Kirchengliedern ihren Austritt aus der Kirche erklärten als es darum ging, dass nunmehr über staatliche Ämter Kirchensteuern eingezogen werden sollten. Auch erheben sich Stimmen von „nicht kirchlich gebundenen" Bürgern gegen die uns über den Rundfunk zugesprochenen „Worte für den Tag". Wie heilsam ist es, Gottes Wort wieder zur Sprache kommen zu lassen. Nichts zeigt uns deutlicher als die schlimme Stasi-Vergangenheit wie Menschen, die ihr Gewissen sterben ließen, um einer Anschauung zum Sieg zu verhelfen, die angeblich Freiheit und Wohlstand für alle Menschen zu erwirken vorgab, und dabei tausendfaches Elend und Leid verursacht hat. Wer sein Gewissen zum Schweigen bringt, läuft Gefahr, dem Bösen zu verfallen.
Gott wollte eine Menschheit, die zu seiner Ehre, aber auch zu ihrem Wohle, sich diese Welt „untertan machen" sollte. Mit diesem Auftrag beginnt das Buch, das Er für uns schreiben ließ. Verbunden damit ist die rund 6000-jährige Geschichte des Volkes Israel, das nach seiner Zeitrechnung heute im Jahre 5753 lebt. Welche großen Leistungen haben in diesem Zeitraum die Völker der Erde vollbringen dürfen, aber welches Elend haben sie sich gleichzeitig gegenseitig zugemutet. Was jedoch Menschen, die unsere Sprache sprechen, unter Ausnutzung einer Besatzungsmacht unserem Volk angetan haben, indem sie 16 Millionen Menschen einsperrten und ihnen nicht erlaubten ihr Land zu verlassen, das hat sich vorher keine Herrschaftsclique erlaubt. Diese Form der Beraubung der persönlichen Freiheit war die größte Schande und Demütigung, die Menschen zuteil wurde, deren Freiheit und Selbstbestimmung doch unantastbar sein sollte. Hier gilt ganz besonders das Rosa-Luxemburg-Wort: „Freiheit ist immer die Freiheit des Andersdenkenden!" In unserem Land bringt die Offenlegung der Stasi-Akten große Unruhe, das doch auf dem Weg zur Einheit sein sollte. Wir sind gefordert, begangene Schuld zu offenbaren, jedoch nicht mit dem Ziel der Vergeltung, sondern um der Nachwelt das „Buch der Schande" zu hinterlassen. Das alles wurde möglich, weil Menschen ihr Gewissen getötet und sich zu Sklaven des „Durcheinanderwirbelers", so nennt die griechische Bibel den Satan, gemacht haben. Denn das Gewissen, dieser Seismograph Gottes in unserem Innern, ist der Garant für menschenwürdiges Verhalten in der Gemeinschaft eines Volkes und zugleich der Völkerwelt.

So bitter die schmerzlichen Erfahrungen auch sein mögen, die wir alle in den „40 Jahren DDR“ gemacht haben, so erfreulich ist doch die mit dem Zeugnis „Wir sind das Volk!“ durchgehaltene Entscheidung „aber ohne Gewalt“. Wie viel allzu verständliche Rachegelüste im Rückblick auf das der Gesamtbevölkerung des so genannten „Rechtsstaates DDR“ – außer der Gruppe der Nutznießer – zugefügte Unrecht sind wirkungslos geblieben. Daran sollten sich aber auch die bereits wieder ziemlich „fest im Sattel sitzenden“ neuen Unrechtstäter sehr genau erinnern. Wenigstens ein schlechtes Gewissen müsste ihren Weg in der Zukunft überschatten. Dass in einer Zeit solchen Umbruchs viele so genannte „Ungereimtheiten“ zu beobachten sind, darf uns nicht allzu sehr verwundern. Wo sich allerdings offensichtliches Unrecht zeigt, sollten wir nicht schweigen. Vor allem müssen wir allerorten unsere Stimme erheben, wenn die „freie Marktwirtschaft“ zur Rücksichtslosigkeit entartet und ihre soziale Ausrichtung verliert.
Im momentanen Umbruch kann und muss ein wirklicher Neubeginn in unserem Verhalten miteinander und zueinander erfolgen und ein Weg der Aufgeschlossenheit in allen Fragen beschritten werden. Dazu ist die Zeit nun reif, gerade wenn es auf ein geeintes Europa zugehen soll.
Der Weg der Christenheit sollte in Zukunft sein, wie einst von der frühen Christenheit gesagt wurde: Sehet, wie haben wir uns lieb. Heute kann es heißen: Sehet wie zuverlässig und hilfreich sind sie, wie kann man sich auf ihr Wort verlassen. Allein Gottes guter Geist verhilft uns dazu und wir dürfen täglich neu darum bitten. Dazu ist es jedoch notwendig, dass wir mit dem Wort „Glauben“ wieder richtig umgehen lernen. Der Glaube sollte immer nur mit Gott zu tun haben.
Die Kirche ist die Gemeinschaft derer, denen der Gott der Liebe und Wahrhaftigkeit der Wegweiser und Helfer ist. Es ist nicht der einfachste und der bequemste, aber der Weg, auf dem wir als Teil des Ganzen am hilfreichsten unseren Platz ausfüllen können. Darum war es auch mein bewusstes Anliegen als Vertreter der Kirche ein zuverlässiges Glied innerhalb unserer Gemeinde im Grenz- und Sperrgebiet zu sein – als Pfarrer auf der Grenze.

Bei Dreharbeiten der Hochschule für Film und Fernsehen
zum Dokumentarfilm „Grenzzeit", 1991

Ein Häuschen mit kleinem Garten und vieles an schriftlichen Kontakten wartet auf Belebung, da allein mehr als 800 Trauungen auf Nikolskoe viele Verbindungslinien zogen.

Seitdem ich in der Morgenfrühe den Tag beginne mit dem in aller Stille, wenn meine Frau noch schläft, gebeteten Morgenlied: „All Morgen ist ganz frisch und neu des Herren Gnad und große Treu", das dann im vierten Vers mit den Worten schließt: „Wir stehn im Glauben bis ans End und bleiben von Dir ungetrennt" (EKG. 336), wird mir immer neu gewiss, dass wir in der Taufe durch unseren großen Bruder Jesus Christus mit dem Vater verbunden sind. „Und bleiben von dir ungetrennt" das ist Getrostheit bei aller sonstigen Ungewissheit, Unruhe, Sorge im Blick auf die Zukunft unseres allmählich zusammenwachsenden Volkes. Möge es doch auf seinem weiteren Weg wieder stärker, wie einst, geprägt sein von dem Leitwort des alten Potsdam: Üb immer Treu und Redlichkeit bis an dein kühles Grab...! Diesen Text soll nach einer Notiz erst Friedrich der Große als Leitvers des Glockenspiels der Garnisonkirche eingesetzt haben.

Möge es keinen Streit mehr, noch weniger Kampf, um die Wahrheiten des Glaubens zwischen den Religionen geben. Einen möge uns alle, die wir an einen Gott glauben, die gemeinsame Verantwortung für eine bessere Welt, auf der es eines Tages keinen Hunger mehr gibt, an dem schon die Kinder sterben müssen, die gerade erst geboren wurden.
Soeben haben wir bei unserer Morgenandacht als Leitwort für diesen Tag gelesen: „Wenn der Herr die Gefangenen Zions erlösen wird, dann werden wir sein wie die Träumenden". So manches Mal haben wir in den vergangenen Jahren diesen Vers als Unterdrückte im Glauben, als Gefangene im eigenen Land gebetet und nicht zu hoffen gewagt, dass Gott uns so bald die Befreiung schenken würde. „Welche Wendung durch Gottes Fügung!" Unser DDR-Volk hat sie friedlich vollendet, diese Wende! Mögen die so glimpflich davonkommenden „Herren von gestern und vorgestern" der Tatsache eingedenk sein, dass die „Ethik der Bergpredigt" auch ihre Rettung bewirkt hat. Was wäre geschehen, wenn der Grundsatz „Auge um Auge, Zahn um Zahn" die gedemütigte Bevölkerung beherrscht hätte.
Wollen wir, die wir uns gern Christen nennen, uns gegenseitig Mut zusprechen im Vertrauen darauf, dass der Herr, der Wolken, Luft und Winden Wege, Lauf und Bahn gibt, nun auch Wege finden und weisen wird, auf denen die vielen Schwierigkeiten und Bedrängnisse unserer Gegenwart überwunden und gemeistert werden können.

Abschließend möchte ich meiner lieben Frau Brigitte danken, dass sie in den bisher viereinhalb Jahrzehnten unseres gemeinsamen Lebensweges immer die Möglichkeiten für gemeinsame Entscheidungen finden half und auch die Zeit opferte, in der ich diesen Lebensbericht als Feierabendaufgabe schrieb.
In diesen Dank schließe ich auch unsere liebe Frau Agnes Kaiser ein, die in mancher Stunde aus meinem handschriftlichen Manuskript eine Reinschrift erstellte.

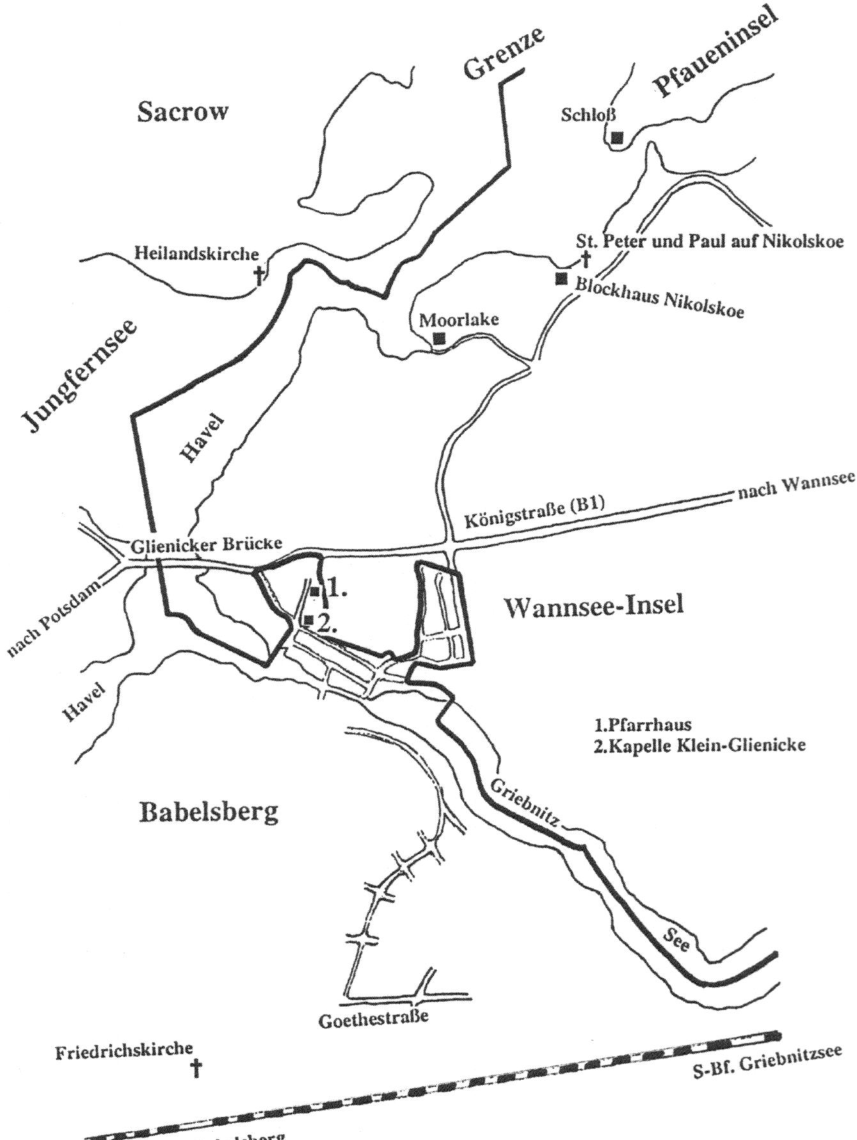
Sacrow
Grenze
Pfaueninsel
Schloß
St. Peter und Paul auf Nikolskoe
Blockhaus Nikolskoe
Heilandskirche
Moorlake
Jungfernsee
Havel
Königstraße (B1)
nach Wannsee
Glienicker Brücke
1.
2.
Wannsee-Insel
nach Potsdam
Havel
1.Pfarrhaus
2.Kapelle Klein-Glienicke
Babelsberg
Griebnitz
See
Goethestraße
Friedrichskirche
S-Bf. Griebnitzsee
S-Bf. Babelsberg

Joachim Strauss
Lebensdaten

6. Februar 1912	in Berlin-Charlottenburg geboren
1932	Abitur an der Hohenzollernschule in Berlin-Schöneberg
1932 bis 1940	Theologiestudium an der Friedrich-Wilhelm-Universität (später Humboldt-Universität) zu Berlin und in Marburg
22. August 1935	erster Gottesdienst in St. Peter und Paul auf Nikolskoe
1937	1. theologisches Examen
Ab 1. September 1937	Vikariat auf Nikolskoe
1. Oktober 1938 bis 31. August 1939	Predigerseminar in Naumburg/Queis (Schlesien)
Januar 1940	2. theologisches Examen
11. Februar 1940	Ordination zum Pastor der Evangelischen Kirche in der Erlöserkirche zu Berlin-Lichtenberg (Provinz Berlin-Brandenburg)
Ab Juni 1940	Militärdienst als Panzergrenadier
14. August 1941	Verwundung in Russland
Herbst 1943	Stationierung in Aarhus/Dänemark
1945 bis 10. Juni 1946	Gefangenschaft in Eiderstedt/Schleswig-Holstein und Brüssel/Belgien
3. Juni 1947	Heirat mit Brigitte Cranz in der Kirche von Nikolassee
Ab 29. Juni 1947	Pfarrer der Kirchen von Nikolskoe, Klein-Glienicke und Sacrow
1948, 1950, 1954, 1960	Geburten der Kinder Renate, Michael, Jürgen und Dorothee
1961 bis 1977	Mauerbau, Leben im Klein-Glienicker Grenzgebiet bis zur Emeritierung, Übernahme einer zusätzlichen Pfarrstelle in der Kirchengemeinde Babelsberg
1977 bis 1988	erneut Predigtdienste auf Nikolskoe
16. Oktober 1988	offizielle Verabschiedung in der Kirche St. Peter und Paul von Nikolskoe
4. Juli 1999	in Potsdam-Babelsberg gestorben

Bibliographische Information der Deutschen Bibliothek:
Die Deutsche Bibliothek verzeichnet diese Publikation in der Deutschen Nationalbibliographie; detaillierte bibliographische Daten sind im Internet über http://dnb.ddb.de abrufbar.

Überarbeitete Neuauflage

Graphische Gestaltung & Satz	Katharina Strauss
Titelgestaltung	Katharina Strauss unter Verwendung einer Photographie von Jürgen Strauss, Gottesdienst in der Heilandskirche Sacrow, 1990
Herstellung	epubli GmbH, Berlin
Photographien	Privatarchiv Strauss S. 8, Bild unten – Bildquelle bisher unbekannt Jürgen Strauss (Frontispiz) W.E. Werner (S. 87) Birgitt Ragotzky (S. 93)

Printed in Germany

ISBN 978-3-943713-13-8